KB029710

# 인베스팅 마인드

인베스팅 마인드

초판 1쇄 발행 | 2024년 7월 15일

지은이 | 김동옥
펴낸이 | 박상두
편집 | 이현숙
디자인 | 진혜리
제작 | 박홍준
마케팅 | 박현지

펴낸곳 | 두앤북
주소 | 15337 경기도 안산시 단원구 당곡3로3, 702-801
등록 | 제2018-000033호
전화 | 031-480-3660
팩스 | 02-6488-9898
이메일 | whatiwant100@naver.com

ⓒ 김동옥, 2024

값 | 18,000원
ISBN | 979-11-90255-27-1 03320

※ 이 책은 두앤북이 저작권자와의 계약에 따라 발행한 것이므로 본사의
허락 없이는 어떠한 형태나 수단으로도 이 책의 내용을 이용하지 못합니다.
※ 잘못된 책은 구입하신 서점에서 바꿔 드립니다.

# 인베스팅 마인드

한국인의 투자원론

Investing Mind

두앤북

투자에 관한 책은 넘쳐납니다. 대중의 관심이 그만큼 크다는 것을 알 수 있습니다. 금융경제학도로서 많은 투자 관련 책들을 탐독했습니다. 앙드레 코스톨라니의 책은 처음 읽을 때는 시시하게 느껴졌지만, 회를 거듭하면서 진가를 확인할 수 있었습니다. 나심 니콜라스 탈레브의 책은 쉽게 읽히지 않았지만, 깊은 철학적 사고를 더해주었습니다. 하워드 막스의 책은 필자의 견해와 일치하는 면이 가장 많았습니다.

널리 알려진 책이라도 어떤 이에게는 도움이 되지 않을지도 모릅니다. 특수한 경험 또는 상황을 강조함으로써 커다란 얼개를 갖추는 것의 중요성이 가려질 수 있기 때문입니다.

이 책은 '투자 사고체계(또는 투자 마인드, investing mind)' 확립을 목표로 '폭넓은 투자 입문서'를 지향합니다. 간결하고 단순한 서술로 단숨에 읽어냄으로써 올바른 인식의 틀을 갖출 수 있게 만들었습니다. 추가 학습을 돕고자 참고문헌도 꼼꼼히 정리했습니다.

집필을 준비하면서 현장에서 성공적인 투자자의 길을 걷고 있는 전문가들의 의견을 청취했습니다. 이정창 코리아오메가투자금융 대표와 이하윤 슈페리어 본부장은 원고 전체를 읽고 유익한 조언을 전해주었습니다. 필자의 미진함으로 모든 조언을 반영하지는 못했지만, 값진 개선의 기회가 되었습니다.

이 외에도 책을 쓰는 데 도움을 주신 분들께 깊은 감사의 말씀을 올립니다.

우리의 삶은 투자와 무관할 수 없습니다. 불순한 선동가들에게 현혹되지 않으려면 견고한 투자 사고체계를 갖추어야 합니다. 이 책이 올바른 인식의 틀을 제공하면 좋겠습니다.

독자들의 관심과 질정에 힘입어 보다 나은 책으로 꾸준히 거듭날 수 있기를 희망합니다.

이 책은 앞서 펴낸 《파이낸셜 마인드》, 《이코노믹 마인드》

와 더불어 금융·경제·투자 사고체계 확립을 위한 3부작의 완성편입니다. 앞의 두 책에 보여주신 관심 덕분에 《인베스팅 마인드》까지 올 수 있었습니다. 감사합니다.

2024년 6월

불곡산 숲자락에서

김동옥

차례

3장

# 화폐의 시간가치

4장

# 분산투자와 포트폴리오

5장

# 주식가치와 시장의 효율성

6장

# 리스크

# 7장
# 사이클

8장

# 투자 심리

9장

# 투자 전략

10장

## 투자 철학

# 1장

# 서론

미래를 대비하여 현재를 희생하는 것을 투자라 한다면, 우리는 모두 투자자다. 학생은 더 나은 미래를 위해 자신에게 투자하고, 기업은 진부화를 피하려고 새로운 기계에 투자한다. 금융투자로 범위를 좁히면 상황이 달라진다. 두려움을 느끼는 사람도 있고, '저축만이 답'이라며 거리낌을 갖는 사람도 있다. 투자에 뛰어들었다가 실패한 사람은 강한 거부감을 가질 수도 있다. 투자에 부정적인 사람은 '투자는 어렵다'고 생각하기 때문이다.

너무도 쉽다. 그런데 이렇게 쉬운 투자를 사람들은 왜 하지 못할까?

자본시장에 대한 이해 부족이나 건전한 투자환경·투자문화가 정착되어 있지 못한 것도 문제다. 그러나 무엇보다 경계해야 할 것은 시장 참여자들의 욕심, 질투, 시기심 같은 감정에 휘둘려 정도를 벗어나는 것이다(박영옥, 2021).

실행 없는 학습은 이해를 낳지 못하고, 학습 없는 실행은 실패를 담보한다. 감정에 휘둘려도 성공할 수 없지만, 지식 없이 시작하면 성공은 요원하다. 일확천금을 바라는 근거 없는 탐욕과 추천받은 5종목 중 심사숙고 없이 3종목을 매수하는 무책임한 섣부름을 버려야 거리낌, 거부감, 두려움에서 벗어날 수 있다.

금융투자이론 학습은 학문의 분파성으로 인해 긴장과 집중을 요한다.

금융이론 학습은 일정 수준 이상의 긴장과 집중이 필요하다고들 한다. 모든 학습에 공통적으로 적용되는 사실이지만, 금융을 이해하기 위한 학습에서 더욱 두드러진다. 이는 학문의 분파성과 관련이 있다. 금융 지식을 습득하는 과정에서 어려운 회계학적 지식이 필요한 설명을 맞닥뜨리면 잠시 흐름을 끊고 해당 내용을 숙지한 후 다시 돌아와야 한다. 그렇지 않으면 중도에 포기하게 된다. 복잡한 수식이나 도식으로 설명하기가 더 용이한 개념이 존재하는 것도 하나의 이유가 된다. 고등수학으로 이루어진 간략한 설명은 외양은 아름답지만 대부분의 학습자에게는 또 다른 포기 사유가 된다(김동옥, 2021).

이에 더하여 투자 이론과 실행에 내재한 독특한 특성이 성공적인 투자를 한 번 더 어렵게 만든다.

투자의 기술(the art of investment)에는 흔히 사람들이 인식하지 못하는 특성이 있다. 화려하지는 않아도 확실한 실적은 초보 투자자(lay investor)라도 조금만 노력하면 얻을 수 있다. 그러나 이러한 평균적 실적을 개선하려면 엄청난 지혜와 경험이 필요하다. 조금의 실적 개선을 위하여 약간의 지식과 현명함을 보태면, 오히려 실적은 나빠질 뿐이다(Graham, 2003).

하루아침에 엄청난 지혜와 경험을 얻을 수는 없다. 그러므로 투자 사고체계(또는 투자 마인드, investing mind)를 갖추는 것이 중요하다. 올바른 사고체계 확립 후에 현명함을 더해가며 경험을 축적해야 한다.

앙드레 코스톨라니(André Kostolany, 1906~1999)는 "돈은 뜨겁게 사랑하되 차갑게 다루어야 한다"며, 투자할 때는 돈 그 자체가 아니라 자신의 결정이 어떻게 정당성을 획득할 수 있는지를 심각하게 고려했다. 그리고 자기 생각이 다른 사람들의 생각보다 올바르다는 것이 입증됐을 때 기뻐했다(앙드레 코스톨라니, 김재경 옮김, 2021).

큰 그림을 그릴 수 있도록 쉬운 언어와 간결한 호흡으로 투자 마인드 확립을 위한 논의를 시작한다.

이 책은 총 10장으로 구성되어 있다. '투자 마인드 갖추기'를 위해 폭넓은 논의를 진행하지만, 간결한 문장으로 '편안한 읽힘'을 추구한다. 각 장은 5개의 절로 이루어져 있고, 호흡이 길어지면 소제목을 두어 절을 다시 나누기도 했다. 부가적인 설명과 참고사항을 각주로 처리한 것도 속도감 있는 읽기를 돕고자 함이다.

2장은 투자에 대한 개관이다. 3장에서 5장의 내용은 투자 사고체계 확립을 위한 준비활동으로, 주류 투자 이론의 언어를 익힌다. 금융경제학의 핵심인 화폐의 시간가치, 현대 투자론의 기초를 이루는 포트폴리오이론, 기업가치와 주식가치 평가를 위한 기본 이론을 정리한다. 이 부분에서 많은 수식이 등장해 읽기의 속도를 떨어뜨릴 수 있다. 그러나 크게 걱정할 필요는 없다. 투자론을 전공하지 않고서는 주류 투자 이론의 배경지식을 익힐 기회가 없기에, 원하는 사람에게 특별한 기회를 제공하기 위한 것이다. 이론 도출 과정을 뛰어넘어 결과만 확인한다 해도 문제는 없다. 다만 시간을 조금 더 투자한다면 두꺼운 책으로도 이해하기 어려운 내용을 효율적으로 습득한다는 이점을 누릴 수 있다. 6장에서 9장은 투자자에게 필수적인 개념을 리스크, 사이클, 투자 심리, 투자 전략 순으로 살핀다. 10장은 투자 마인드의 출발점일 수 있는 투자 철학을 논한다. 9장까지의 논의에서 놓쳤을 수도 있는 내용을 에세이 형식으로 보충함으로써 건강한 투자 마인드 확립에 도움을 주고자 한다.

본론은 '투자란 무엇인가?'라는 질문으로 시작한다. 현재의 부를 희생해서 미래의 부를 추구하는 활동이 투자이므로, '더 큰 미래의 현금흐름을 수취하기 위한 모든 의도와 행동이 건전한가?'

를 비롯하여 수많은 질문이 뒤따를 수 있다. 결국 '어떻게 하면 성공적인 결과를 가져올 수 있나?'라는 질문에 답하는 것으로 귀결될 것이다.

2장에서는 투자와 투기를 비교함으로써 투자를 정의하고 분류한다. 투자자에 대한 대가들의 논의를 살핌으로써 이후 여정을 위한 양분을 습득하고, 투자가 정밀과학일 수 없음을 확인한다. 인간의 행위와 관련한 이론이 답이 하나뿐인 편협한 결론으로 이끈다면, 이는 인간을 배제한 무용한 것이 될 수밖에 없다(김동옥, 2022).

주류 투자 이론의 언어를 학습하는 것은, 논쟁적일 수 있는, 2가지 의미가 있다. 사고체계를 형성하기 위해서는 수리적 연습을 통한 확인이 필요하다는 사실이 그 첫 번째다. 두 번째는 참고 및 분석자료를 확인하는 데 필요하기 때문이다. 주류 투자 이론에 전적으로 동의하지 않거나 모두 옳지는 않더라도, 읽을 수 없으면 학습을 통한 발전을 도모할 수 없다. 물론 대부분은 건전한 투자 마인드 확립에 필요한 내용이다. 이해하고, 부족함에 자기만의 견해를 더한다면 최상이라 할 수 있다.

화폐의 시간가치는 금융경제학의 기술적 핵심이다. 이자율의 의미와 시간의 흐름에 따른 화폐의 가치변동 과정에 대한 이해는 복잡한 금융투자이론 학습을 위한 효율적 무장이다. "거시적 틀이 없는 부분 학습에 매몰될 때는 알 수 없지만, 화폐의 시간가치에 대한 이해는 파생금융상품을 비롯한 복잡한 가치평가 문제를 단순한 수학으로 치환한다. 모든 가치평가는 결국 계약 내용에 따라 시점별로 발생하는 현금흐름을 계산하고 이를 원하는 시점으로 이동시키는 과정이기 때문이다(김동옥, 2021)." 현금흐름의 미래가치와 현재가치를 계산하는 방법은 기업가치 평가 및 주식가치 평가에 그대로 적용된다.

포트폴리오이론은 분산투자의 정당성을 입증한다. 현대 포트폴리오이론의 확립으로 투자론은 비약적으로 발전했다. 물론 지나친 수학적 의존에 따른 근시안적 시각을 비판하는 견해도 있다. 위험과 수익률의 상반관계와 분산투자 효과를 수리적으로 확인한다. 최적 투자 포트폴리오를 구성하는 논리적 과정을 이해한다. 자본배분선, 자본시장선, 증권시장선을 혼동하지 않는 수준에 이르면 충분하다.

주식가치를 평가하기 위해서는 먼저 기업가치를 평가할 수 있어야 한다. 주식은 기업 소유권을 표창하는 증권이기 때문이다. 주식회사, 주식시장에 대해 생각해보고, 시장의 효율성에 대해 고찰한다. 투자는 자산의 매수와 매도라는 활동으로 이루어지므로 시장에 대한 이해가 필요하다. 금융시장의 효율성에 대한 논의는 고차원적 금융투자이론 학습의 자양분이다(김동옥, 2021). 8장에서는 주류 경제학의 효율적시장가설의 대척점에 서서 이를 비판하는 금융불안정성 과정을 살핀다.

3장에서는 유동성선호로 시작하여 이자율과 수익률로 화폐의 시간가치를 설명한다. 이를 바탕으로 현재가치와 미래가치를 계산하는 방법을 풀이한다. 4장은 분산투자와 포트폴리오이론에 대한 해설이다. 기대효용극대화 기준과 평균-분산 기준으로 위험과 수익률의 상반관계를 이해한다. 해리 마코위츠의 이론과 자본자산가격결정모형(CAPM)으로 최적 투자 포트폴리오 구성 이론을 설명한다. 5장에서는 기업가치 평가와 주식가치 평가 이론을 살핀다. 기업의 잉여현금흐름, 자본비용에 대한 이해를 바탕으로 기업가치를 평가하고, 주식가치를 평가하는 2가지 방법인 내재가치평가법과 상대가치평가법을 알아본다. 시장의 효율성에 대한 논의로 마무리한다.

주류 투자 이론에서는 가격의 변동성을 리스크로 측정한다. 이는 리스크 계량을 위한 불가피한 선택이다. 그러나 투자자들이 걱정하는 것은 손실, 극히 꺼리는 것은 영구손실이다. 리스크에 대한 대처 과정은 이해-인식-제어의 과정을 거친다. 리스크와 수익률의 상반관계를 제대로 이해해야 '추가적인 리스크 부담이 높은 수익률을 보장한다'라는 위험한 오해에서 벗어날 수 있다. 리스크에 대한 올바른 태도 확립은 험난한 과제다. 나심 니콜라스 탈레브의 '인세르토 전집'에 대한 요약을 통해 철학적 깊이를 더할 것이다.

사이클에 대한 이해를 투자의 핵심 과제로 삼는 하워드 막스의 견해는 미래를 예측할 수 없다는 신념에 기초한다. 인간의 반복되는 패턴을 인식하고 이해하는 능력을 이용해서 미래의 경향을 파악하면 성공적 투자에 도움이 된다. 손실을 줄일 수 있다. 사이클을 고민하면 투자 결정을 무(無)에서부터 시작하는 비효율을 피할 수 있다.

앙드레 코스톨라니는 '투자는 심리학이다'라고 단언하고, 귀스타프 르 봉의 《군중심리》를 투자자의 필독서로 추천했다. 주가에 이미 반영된 무가치한 정보에 휘둘리면 투자에 실패할 수밖에 없다. 좋은 뉴스냐, 나쁜 뉴스냐가 중요한 게 아니다. 새로운 뉴스가 기대에 부합하는가가 중요하다. 이것이 '페따 꼼쁠리'다. 인간의 심리가 시장에 미치는 영향을 수긍하면 효율적시장가설의 불완전성을 지적하는 행동경제학과 금융불안정성가설의 의의가 인정된다. "금융불안정성가설은 효율적시장가설의 대척점에 서서 금융시스템의 내재적 불안정성을 강조한다(김동옥, 2021)."

투자 전략은 원칙 및 태도의 반영으로, 기술적으로는 포트폴리오 선택을 뜻한다. 안전마진은 안전을 확보하기 위한 여유분으로 투자 전략에 건전성을 부여한다. PER, PBR, 일드갭, 스프레드를 이용하여 안전마진을 측정할 수 있다. 자산 배분이 포트폴리오의 성과를 결정한다. 종목 선정과 시점 선택이 미치는 영향은 크지 않다.

6장은 리스크 재고다. 주류 투자 이론의 리스크 정의에 더하여 영구손실 가능성을 리스크의 본질로 삼아 성공적인 투자로 가는 길을 다진다. 《행운에 속지 마라》, 《블랙스완》, 《안티프래질》,

《스킨인더게임》을 요약하고, 리스크에 대한 철학적 깊이를 더한다. 7장에서는 미래에 대한 경향을 파악하기 위한 사이클을 설명한다. 경제 사이클, 이익 사이클, 심리 사이클, 태도 사이클, 신용 사이클, 부동산 사이클, 부실채권 사이클을 살펴보고 종합 시장 사이클의 핵심과 대응 방법을 알아본다. 8장에서는 투자 심리를 논한다. 행동경제학, 금융불안정성가설, 군중심리를 살펴본다. 9장은 투자 전략의 고찰이다. 투자 전략을 분류하고 투자자별 투자 전략을 제안한 후, 투자 실행 과정에서의 권고 및 주의 사항을 알아본다.

마지막 10장에서는 투자 철학에 대해 논의한다. 투자 철학은 시장을 대하는 일관된 사고방식으로 포트폴리오 구축의 결과로 나타난다. 투자, 리스크, 사이클, 투자 심리, 투자 전략의 순으로, 9장까지 다룬 내용으로 부족할 수도 있는 부분을 철학적 에세이의 형식으로 보충함으로써 견고한 투자 마인드를 확립한다.

# 2장

# 투자란 무엇인가?

투자는 정확히 한 가지로 이루어진다.
바로 미래를 상대하는 것이다.

하워드 막스

투기는 가치를 측정할 수 없는 자산을 매매하는 행위다.

워런 버핏

투자는 철저한 분석으로 원금의 안전과 적절한 수익을 약속받는 것이다.
이 요건을 충족하지 못한 모든 활동은 투기다.

벤저민 그레이엄

투자(investment)의 사전적 정의는 '더 많은 자금 확보를 목적으로 하는 자금의 사용'이다(Shim and Siegel, 2001). 자금은 자산의 취득 및 운용에 사용된다. 취득자산은 실물자산(real assets), 인적자산(human assets), 금융자산(financial assets)으로 나눌 수 있다(김동옥, 2021). 취득자산이 금융자산이라면 금융투자(financial investment)라고 한다(Downes and Goodman, 2003).

## 2.1

## 투자

투자의 일반적 정의는 '미래 이익 수취를 기대하면서 행하는 현재 시점의 금전 또는 다른 자원의 투입'이다(Bodie et al., 2008). 그러나 유가증권 취득 및 운용에 한정하여 사용되는 것이 일반적이다.

통속적인 용법에서는 투자란 개인 또는 법인(회사)에 의한 자산－새로운 것이건 또는 전부터 있던 것이건 간에－의 구매를 의미하는 것이 보통이다. 때에 따라서 이 용어는 증권거래소에서의 자산의 구매에 한정될 수도 있다(존 메이너드 케인스, 조순 옮김, 2007).

투자란 포괄적인 의미로 현재 가지고 있는 자본을 운용하여 더 많은 미래 이익을 얻고자 하는 행위를 말한다. 즉, 미래의 불확실하지만 보다 큰 이익을 얻기 위한 현재의 확실한 경제적 희생을 의미하며, 따라서 투자 행동은 저축과는 달리 위험 또는 불확실성, 시간에 대한 보상, 위험에 대한 보상 등으로 특징지어진다. 증권 관련 법규에서는 투자의 개념을 유가증권만을 대상으로 하는 자금의 운용으로 한정하고 있다(한국금융연수원, 2006d).

가장 직관적인 정의는 '주식의 신'으로 불리는 헝가리 유대인 출신의 전설적 투자자 앙드레 코스톨라니(André Kostolany, 1906~1999)가 들려준다.

"어디에 돈을 넣어야 좋을지 생각하는 것이 바로 '투자'다(앙드레 코스톨라니, 최병연 옮김, 2018)."

투자는 부와 파산 사이를 오가는 위험한 항해다. 이때 필요한 것은 훌륭한 배와 똑똑한 항해사일 것이다, 훌륭한 배란 무엇인가? 돈, 인내, 강인한 신경으로 무장한 배다. 그럼 똑똑한 항해사는 어떤 사람인가? 경험이 풍부하고 주체적으로 생각하는 사람이다(앙드레 코스톨라니, 김재경, 2021).

특별한 언급이 없는 한, 투자는 유가증권을 대상으로 하는 금융투자에 집중한다.

피터 린치(Peter Lynch, 1944~)는 투자의 방법을 ① 은행예금 등, ② 수집품(collectibles) 또는 유가물(valuables), ③ 부동산, ④ 채권, ⑤ 주식 등 5가지로 나누고, 주택을 제외하면 주식이 가장 좋은 투자 대상이라고 말했다. 주택은 적은 자기자본으로 사들일 수 있고 사용 가치가 크며, 주식은 배당소득과 자본이익 실현이 가능하기 때문이다(Lynch, 1997).

폭넓게 투자를 논하지만, 세부사항은 주식투자를 중심으로 전개한다.

## 가치투자 vs. 성장투자

과거의 가격 동향 분석에 의존하는 방식을 제외하면, 투자 방식 또는 전략은 가치투자(value investing)와 성장투자(growth investing)가 남는다.

가치투자는 무형자산보다는 현금유동성 등의 실재 요소를 중시하며, 가격이 내재가치보다 낮은 자산을 찾는다. "가치투자자들이 가장 큰 수익을 올릴 때는, 실제 가치보다 싸게 자산을 매입할 때, 물타기에 성공할 때, 자신의 분석이 옳다는 것을 입증할 때이다(Marks, 2013)."[1] 가치투자를 '채권투자처럼 하는 주식투자'로 설명하기도 한다(서준식, 2020).

성장투자는 잠재력을 중시하며, 가치가 빠르게 상승할 자

1 역서(김경미, 2012) 인용

산을 찾는다. 성장이란 기업 규모의 성장이 아니라 이익 성장을 말한다(Lynch and Rothchild, 1997). 성장투자에 대한 반론도 존재한다. 성장 전망이 확실하다고 해서 투자수익도 확실한 것은 아니기 때문이다(Graham, 2003).

성장투자는 가치투자의 인내심과 모멘텀투자[2]의 성급함 사이 어디쯤엔가 자리한 투자 전략이라고 할 수 있다. 성장투자는 미래에 실현될 수 있는 기업의 실적에 투자하는 것이지만, 가치투자는 기업의 현재가치 분석에 근거한다. 성장투자자의 판단이 옳으면 그로 인한 상승 잠재력(upside potential)은 좀 더 극적이고, 가치투자자의 판단이 옳으면 그로 인한 상승 잠재력은 좀 더 지속적이다(Marks, 2013).

## 공격투자 vs. 방어투자

투자에서의 공격은 높은 위험부담으로 고수익을 추구하는 것이고, 방어는 손실 요소 배제에 중점을 두는 것이다. "방어는 플러스 요소를 포함하기보다는 마이너스 요소를 배제하고, 간헐적인 기지의 번뜩임보다는 일관되고 적당한 프로세스를 통해 더 큰 수익에 도전하는 것으로 볼 수 있다(Marks, 2013)."[3]

2 momentum(움직임을 변화시키는 힘의 누적치를 뜻하는 물리량) investing, 가격 상승 탄력이 강화되는 자산에 투자

3 역서(김경미, 2012) 인용

공격적 투자(offense investing)는 집중투자(concentration)와 차입금 사용(leverage)으로 이익뿐 아니라 손실 확대 가능성도 내포한다. 방어적 투자(defense investing)는 '안전마진(margin of safety)'[4] 확보로 손실 회피를 최우선 목표로 삼는다.

4 오차범위(margin for error), 예를 들면 내재가치와 시장가격의 차이

## 2.2

—

# 투기

'투자란 무엇인가?'라는 질문의 답을 완성하기 위해서는 '투기란 무엇인가?'라는 질문에 대해서도 고민해야 한다.

투자는 원금의 안전을 가장 중시하는 데 반해, 투기(speculation)는 투자 대비 더 위험한 선택이라고 할 수 있다(Downes and Goodman, 2003).

역사상 최초의 투기꾼으로 기록된 사람은 풍년에 남아도는 곡식을 대량으로 저장했다가 흉년에 비싼 가격으로 시장에 내다 판 요셉[5]이다(앙드레 코스톨라니, 김재경 옮김, 2021). 그러나 이 기록으로부터 투기에 대한 올바른 이해를 끌어내기는 쉽지 않다. 시세 상승을 예측한 거래를 투기로 정의했기 때문이다. 그렇다면 투자

5 Joseph, 구약성서 창세기에 나오는 이집트에 팔려가 명재상이 된 야곱의 아들

는 시세 상승을 기대하지 않는다는 말인가?

금융학(finance)에서는 투자자 또는 금융거래자(financial transactor)를 위험관리자(hedger), 투기거래자(speculator), 차익거래자(arbitrager)로 구분하는데[6], 특수 목적 거래자(hedger, arbitrager)를 제외한 투자자는 모두 투기자(speculator)다. 투자와 투기가 호용(互用)된다.

투자를 '금리변동, 정부의 정책, 기술적 요인 등 다양한 요소를 고려하는 것(앙드레 코스톨라니, 최병연 옮김, 2018)', 투기를 '시장의 심리를 예측하는 행동(존 메이너드 케인스, 조순 옮김, 2007)'으로 설명하기도 한다.

8장에서 살펴보겠지만, 투자에서 시장의 심리를 예측하는 것은 매우 중요하다. 다만, 존 메이너드 케인스(John Maynard Keynes, 1883~1946)의 표현은 심리 예측에만 지나치게 의존하는 투기의 병폐를 지적한 것으로 생각한다.

'게임'과 '게임꾼'을 '투자'와 '투자자'의 대립 개념으로 사용하기도 한다. 투자자는 경기변동과 중기적인 시세 변동을 고려하여 투자하고 자신의 판단이 옳았음이 입증되기를 기다린다. 게임꾼은 비법 습득으로 일확천금을 노리는 게임을 하며 대중에 휩쓸린다(앙드레 코스톨라니, 최병연 옮김, 2018).

투자자와 투기꾼의 차이는 가격 흐름을 대하는 태도에서

6 hedger: 현물가격 변동위험 회피 거래자. speculator: 가격 변동으로부터 이익추구 거래자. arbitrager: 차익거래 이익추구 거래자

드러난다. "경솔하고 불운한 투기꾼에게 고점에서 팔고 저점에서 되사는 기민하고 노련한 자가 투자자다." 투기꾼은 가격 흐름을 예측해서 서둘러 이익을 얻으려 하고, 투자자는 시세가 낮으면 매수하고 시세가 높으면 매도하기 위해 가격 흐름을 주시한다. 투자자는 적정 가격에 매수해서 가격 상승을 기다리며 한동안 보유한다(Graham, 2003).

다음의 설명은 투자와 투기를 비교할 때 아주 유용하다.

> 투기는 단기간 내에 이득을 얻고자 하는 투자 행위를 의미하며, 투자자가 감수하는 위험 대비 높은 수준의 위험에 대한 보상(risk premium)을 바라는 행위를 말한다. 즉, 감수하는 위험 대비 적절한 수준의 위험에 대한 보상을 바랄 경우는 투자, 적절한 수준 이상의 위험에 대한 보상을 바라고 하는 행동을 투기라 한다(한국금융연수원, 2006d).

투기를 투자와 대립적인 개념으로 설정하는 것은 옳지 않다. 투자는 투기적 속성을 포함한다. 그러므로 투자자는 투기 요소 억제에 힘써야 하며, 손실에 흔들리지 않도록 금전적 · 심리적으로 대비해야 한다(Graham, 2003).

투기는 다음과 같은 3가지 특성으로 정의된다. 첫째, 섣부른 단기 이익의 추구. 둘째, 과다한 위험보상의 추구. 셋째, 합리적 분석의 결여.

좁은 의미에서, 투자와 대비해서 사용한다면, 투기는 투자의 일부를 구성하는 비합리적 거래 행위다. 그중 가장 어리석은 투기는 ① 투자로 착각하며 행하는, ② 감당할 수 없는 거액을 동원하는, ③ 기술과 지식이 부족함에도 본격적으로 임하는 투기다(Graham, 2003).

앙드레 코스톨라니(André Kostolany)는 투기에 대해서도 재치 있게 묘사했다.

"세상에서 가장 큰 투기는 한 정치가를 그의 내재가치에 따른 가격에 사들였다가 본인이 부르는 가격에 되파는 것이다(앙드레 코스톨라니, 정진상 옮김, 2017)."

## 2.3

—

# 투자자

투자자는 심사숙고하는 지성인이다.

"작가 한 사람이 그의 작품에 대해서 여러 번 원고를 고쳐 쓰듯이, 또 음악가 한 사람이 그의 음악에 온 심혈을 기울이듯이 투자자는 그의 생각에 공을 들인다(앙드레 코스톨라니, 정진상 옮김, 2017)."

투자자는 "미래를 상상함과 동시에 현실을 반추하며 숫자를 직시한다(박영옥 2021)." 투자자는 통찰력을 가져야 하며 세상 모든 일을 알고 있다는 과신에 빠져서는 안 된다. 미래를 상상하지만, 확정적 미래를 맹신하지는 않는다. 행운의 도움에 감사할 줄 아는 자가 진정한 투자자다.

박영옥은 기업가 정신과 개척자 정신을 투자자에게 필요한 자질로 제시한다(박영옥, 2021).

나는 '기업가 정신(entrepreneurship)'과 '프런티어 정신(frontier spirit)'이야말로 투자자에게 가장 필요한 자질이라고 생각한다. 기업가 정신은 기업을 경영하는 데 필요한 기질, 정신, 열정, 능력, 지식, 가치 등을 포괄하는 개념이다. 나는 기업을 수치만으로 평가하지 않는다. 내 회사라는 생각으로, 경영자가 되어 입체적으로 바라보고자 노력한다. 프런티어 정신이 없으면 세상은 발전하지 못한다. 그런 의미에서 나는 때로 가진 것을 지키는 보수적인 투자만이 아니라 도전적인 투자도 시도한다. 주가가 조금 고평가되어 있어도 미래가치를 믿고 과감히 투자할 때도 있다.

하워드 막스(Howard Marks, 1946~)는 투자자에게 가장 필요한 것으로 통찰력 있는 사고(perceptive thinking) 또는 '이차적 사고(second-level thinking)'를 강조한다.

성공적인 투자는 관행적인 일차적 행동(conventional behavior)이 아닌 이차적 행동(unconventional behavior)을 요구한다. 남다른 분석력(exceptional analytical ability)과 통찰력(insight), 예지력(foresight)을 발휘해야만 한다(Marks, 2013).

나는 시장이나 다른 투자자들보다 높은 수익을 내는 것이 성공적인 투자라고 생각한다. 그러기 위해서는 운이 됐든, 탁월한 통찰력이 됐든 둘 중 하나는 필요하다. (…) 마찬가지로 통찰력은 누가 가르친다고 해서 생기는 것이 아니며, 여느 기술들이 그렇듯이 투자에 대한 이해력이 그저 남들보다 뛰어난 사람들이 있는 것뿐이다. 다시 말해 벤저민 그레이엄이 유려한 화법으로 강조했던 투자자들에게 꼭 필요한 '약간의 현명함(trace of wisdom)'이 이들에게는 있는 것이다.[7]

앙드레 코스톨라니(André Kostolany)는 투자자를 펀드매니저, 금융자본가, 단기투자자, 장기투자자, 순종투자자로 구분한다. 단기투자자는 사기꾼, 장기투자자는 마라토너로 묘사한다. 순종(純種)투자자(purebred investor)는 단기투자자와 장기투자자의 중간쯤에 있는 장기적인 전략가다. 장기투자자와는 달리 모든 뉴스에 흥미를 갖고 있으나 단기투자자처럼 모든 뉴스에 반응하지는 않는다. 자신만의 독창적인 아이디어를 갖고 있다는 점이 순종투자자를 단기투자자와 구분 짓는 결정적인 차이이다. 순종투자자는 생각하는 인간이다(앙드레 코스톨라니, 김재경 옮김, 2021).

순종투자자는 투자의 정의에 부합하는 투자자의 전형을 보여준다.

### 강세장 투자자 vs. 약세장 투자자

약세장 투자자 또는 하락장 투자자는 곰(bear)으로, 강세장

7 역서(김경미, 2012) 인용

 투자자 또는 상승장 투자자는 황소(bull)로 은유한다.

약세장 투자자는 지적인 시세 하락 투자자와 개인적 심리 상태에 기인하는 심리적 시세 하락 투자자로 나눌 수 있다. 부실 기업에 투자하여 증권이 휴지조각이 되지 않는다면 강세장 투자자는 인내심을 갖추면 성공할 확률이 높다. 그러므로 초보자는 강세장 투자자로 시작해야 한다. 주가 상승은 제한이 없으나, 하락 폭은 기껏해야 100퍼센트다(앙드레 코스톨라니. 정진상 옮김, 2017).

## 공격적 투자자 vs. 방어적 투자자

벤저민 그레이엄(Benjamin Graham, 1894~1976)은 투자자를 공격적 투자자(aggressive investor, active investor, enterprising investor)와 방어적 투자자(defensive investor, passive investor)로 구분한다. 유념해야 할 사실은 공격적 투자자와 방어적 투자자 사이에서 절충형 투자자가 되려고 하면 득보다 실이 많다는 점이다(Graham, 2003).

공격적 투자자는 자신의 시간과 노력을 투입하여, 초과수익(excess return)을 목적으로, 매력적인 종목 선정에 집중한다. 공격적 투자자의 주식 매매는 4가지로 구분할 수 있다.

1. 저점 매수, 고점 매도
2. 성장주 매수

3. 염가주식(bargain issues) 매수
4. 특수상황(special situation) 종목[8] 매수

방어적 투자자는 손실 가능성에 대한 두려움을 갖고 자만심을 경계한다(Marks, 2013). 심각한 실수나 손실 회피를 최우선 목표로 삼는다. 다음 목표는 빈번한 의사결정의 부담에서 벗어나는 것이다. 방어적 투자자를 위한 주식 종목 선정 4대 기준은 다음과 같다.

1. 충분하지만 과도하지 않게(10~30종목) 분산하여 투자한다.
2. 건전한 재무구조의 유명 대기업 중에서 선정한다.
3. 장기간 지속해서 배당금을 지급한 기업 중에서 선정한다.
4. 매수 가격 상한선[9]을 설정한다.

여기서는 '방어적'을 '소극적', '수동적'이라는 표현의 대표로, '공격적'을 '적극적', '능동적'이라는 표현의 대표로 사용한다.

'보수적'이라는 표현은 오해의 소지가 있다. 필립 피셔(Philip Arthur Fisher, 1907~2004)의 '보수적 투자자(conservative investors)'는

8 인수합병(M&A), 기업개선(workout), 소송(litigation) 연루 등에 따른 종목으로 재료보유주라고도 한다.

9 과거 7년 평균 주가이익배수(PER) 25배 이하, 최근 12월 PER 20배 이하(Graham, 2003)

"최소한의 위험부담으로 자산의 구매력을 유지하는 투자자"다. 투자 대상 자산의 건전성을 충분히 이해할 수 있고, 투자 동인에 대한 일련의 검증 절차가 사실에 근거하여 건전성을 파악하는 것이어야 한다(필립 피셔, 박정태 옮김, 2005a).[10]

## 소신파 투자자 vs 부화뇌동파 투자자

코스톨라니는 증시가 호재성 또는 악재성 뉴스에 반응하는 강도를 이해하는 것을 '시장의 기술적 이해'라고 부른다. 시장의 기술적 이해는 현재 발행 증권의 대부분이 누구의 손아귀에 있는가에 따라 달려 있으며, 이 기준으로 투자자를 크게 소신파 투자자와 부화뇌동파 투자자로 나눈다(앙드레 코스톨라니, 최병연 옮김, 2018; 앙드레 코스톨라니, 김재경 옮김, 2021).

소신파 투자자는 충분한 자본과 배짱을 가진 투자자로 장기적으로 부화뇌동파의 실책으로 승자가 된다. 소신파 투자자는 5가지 요소(5G)[11]를 가지고 있다. 돈(Geld), 생각(Gedanken), 인내(Geduld), 행운(Gluck), 그리고 신념(Glaube)이다.

부채가 없을 때 돈이 있다고 할 수 있다. 행동하기 전에 생

10 역서 〈보수적인 투자자는 마음이 편하다〉는 필립 피셔(Philip Arthur Fisher)의 〈Conservative Investors Sleep Well〉과 〈Developing an Investment Philosophy〉의 합본이다. 인용 표기는 앞 책은 a, 뒤 책은 b로 한다.

11 프로이센의 원수 몰트케(Helmuth Karl Bernhard von Moltke, 1800~1891)가 전쟁 승리를 위해 필요한 4가지 요소에 코스톨라니가 다섯 번째 요소인 신념을 더했다.

각해야 하고, 지식보다 상상력이 중요하다. 심리적 혼란에서 투자자를 지켜줄 인내심이 필요하다. 오랜 시간 생각과 다르게 진행되다가 결국에는 올바른 생각대로 귀결되기 때문이다. 투자에 필요한 수학 공식은 '2×2=3+1'이다.[12] 투자의 과정은 직선이 아닌 다양한 우회로를 지나게 되지만 결국에는 올바른 답(4)에 도달한다. 성공적인 투자는 언제나 운이 따라야 한다. 생각이 옳았더라도 예상하지 못했던 상황의 발생으로 올바른 생각이 무의미해질 수도 있기 때문이다. 올바른 생각이 흔들리면 인내심을 발휘하기 어려우므로 신념이 필요하다.

5G 중 하나라도 빠지면 소신파 투자자가 아니라 겁쟁이 투자자인 부화뇌동파가 된다.

### '나는 안다' 유파(I know school) vs.<br>'나는 모른다' 유파(I don't know school)

막스는 미래 예측에 대한 태도를 기준으로 투자자를 2가지 유파로 나눈다(Marks, 2013).

'나는 안다' 유파 투자자는 확신에 찬(confident), 자신이 예측할 수 있다고 알고 있는 투자자를 가리킨다. 미래를 예측할 수 있다고 생각하므로 단정적으로 행동한다.

12 코스톨라니는 '2 × 2 = 5 - 1'이라고 했지만, '2 × 2 = 3 + 1'로 수정했다.

'나는 모른다' 유파 투자자는 한 가지 가능성에 얽매이지 않는다. 확률분포라는 관점으로 미래를 사고한다. 자신의 지식 또는 판단에 대한 지나친 겸손은 때로 기회비용을 유발할 수 있지만, 무모함(foolhardiness)과는 거리를 둔다. 예측에 대한 한계를 인정하는 것은 투자자에게 상당한 강점이 될 수 있다. 확실히 안다고 생각하던 것이 사실이 아니라고 판명될 때가 가장 큰 낭패다.

2.4

# 국민경제와 투자

국민경제의 주체는 가계(household), 기업(firm), 정부(government)다. 국민경제는 하나의 커다란 순환을 이루므로 생산, 분배, 지출의 3가지 관점에서 본 총금액이 같다.[13] 이를 삼면등가의 원칙이라고 한다. 지출접근법으로 살펴본 국내총생산(GDP, Gross National Product)의 4가지 구성 요소는 가계의 소비지출, 기업의 투자지출, 정부지출, 그리고 순수출이다. 이를 나타내는 식을 국민소득식(National Income Identity)이라고 한다.[14]

13 생산 측면의 생산접근법(production approach), 분배 측면의 소득접근법(income approach), 지출 측면의 지출접근법(expenditure approach)

14 국민소득(Y) = 소비지출(C) + 투자지출(I) + 정부지출(G) + 순수출(NX)
국민소득은 산출량 또는 총수익(Yield)을 나타내는 Y로, 소비지출(또는 소비수요)은 소비(Consumption)를 나타내는 C로, 투자지출(또는 투자수요)은 투자(Investment)를 나타내는 I로, 정부지출(또는 정부수요)은 정부(Government)를 나타내는 G로 표시한다. 국제무역을 고려하는 경우 순수출(또는 해외수요, NX = 수출(eXport) - 수입(iMport))을 추가한다(김동욱, 2022).
정부지출(government spending)보다는 정부구입(government purchases)이 일반적인 표현이다(Mankiw, 2019).

국민경제의 자금 흐름에서 자금의 공급자는 가계다. 일부 개인의 소비가 차입을 통해 소득을 초과할 수 있지만, 모든 개인이 소득을 초과하여 소비할 수는 없다(임석필 외, 2023). 그러므로 가계는 자금의 공급자가 된다.

가계의 단위 기간별 소득과 소비가 항상 일치하지는 않으므로 효용 극대화를 위한 시간상 조정이 필요하다. 가계는 저축(saving)과 차입(borrowing)으로 현재 소득을 미래로 미루거나 미래 소득을 현재로 당긴다.

자금은 금융시스템을 통해 사용 혜택이 작은 시점과 공간에서 그 혜택이 큰 시점과 공간으로 흐르게 된다. 이를 통해 효율성이 제고되고 사회적 후생이 증가한다. 소득이 많은 시점에서 저축을 통해 이후 소득 감소 시점을 대비함으로써 저축자의 효용이 증대되고 삶의 안정성을 확보할 수 있다. 마찬가지로 자금의 잉여 지역이나 국가에서 부족 지역이나 국가로의 자금 흐름을 통해 경제발전을 도모할 수 있다. 금융혁신은 이러한 효율성 제고의 방향으로 작동한다(김동옥, 2021).

저축은 소비의 유보로 현재 소득을 미래로 미루는 선택이다. 소득에서 소비를 빼면 저축이 된다.[15] 소득이 소비에 미달하는 경우 차입으로 미래 소득을 당겨 소비를 충족한다. 그러므로 차입은 음(-)의 저축이라고 할 수 있다.

저축과 차입은 상호 대칭적인 개념이지만, 차입의 반대 개념은 대출(lending)이다. 차입은 자금의 수요자 관점에서 자금의 공급자로부터의 자금 흐름이고, 대출은 자금 공급자 관점에서 자금 수요자로의 자금 흐름이다.

대출은 계약기간 만료 후 원금에 이자를 더해 회수하므로 넓은 의미에서 투자라고 할 수 있다. 최우선 변제권에 기인하여, 신용도가 극히 낮은 차주(borrower)와의 대출계약을 제외하면, 위험이 낮아 투자와 구분하여 사용되는 것이 일반적이다.[16]

15 저축은 '소비하지 않음'이라는 경제학적 의미를 갖지만, 일상용어에서는 적극적인 의미도 내포한다. '은행예금에 저축한다'라는 표현은 소비하지 않는다는 소극적 의미에서 한발 나아가 화폐의 시간가치를 고려한 조금은 더 능동적인 의미가 있다. 소비하지 않고 저축한 금전이 대출계약을 통해 자금 수요자에게 공급되고 원본 이상의 회수가 기대되기 때문이다(김동옥, 2021).
일상용어로서의 저축은 안전한 자산에 대한 투자를 뜻하기도 한다(Bodie et al., 2008).

16 대출계약은 사전에 이자율이 확정되고 최우선 변제권이 확보되므로 차주의 지급불능이라는 극단적인 경우를 제외하면 이로부터 발생하는 수익의 변동 가능성이 매우 낮다. 또한 회사채를 통한 자금의 흐름과 비교하여 유통시장의 부재 또는 불충분으로 인해 (광의의) 투자 실적 변동 가능성도 적다. 그러므로 대출은 위험이 없는 (광의의) 투자는 아니지만, (협의의) 투자와 비교하여 수익이 일정 수준 이상 확정된 (광의의) 투자로 봐도 큰 무리는 아니다. 그래서 대출계약에서는 '이자율'을, 투자계약에서는 '(기대)수익률'을 사용한다(김동옥, 2021).

2.5

—

# 투자는 과학인가?

과학이라고 하면 우리는 자연과학(natural science)을 먼저 떠올린다. 자연현상을 연구하는 자연과학과 달리, 사회현상을 연구하는 경험과학은 사회과학(sozialwissenschaft, social science)이라고 한다.

과학(science)의 사전적 정의는 '보편적 진리나 법칙의 발견을 목적으로 하는 체계적인 지식'이다. 이러한 정적인(static) 견해 외에 지식 산출의 과정(process)으로 보는 동적인(dynamic) 견해도 존재한다(신민철, 2007).

과학은 넓게는 학문을, 좁게는 자연과학(natural science)을 뜻한다.

'경제학은 과학인가?'라는 질문에 김동옥은 다음과 같이 답했다.

경제학이 과학인가 아닌가에 집착할 필요는 없을 것이다. 경제학이 자연과학이 될 수 없다는 것을 이해한 것으로 충분하다. 다만 과학적이고 체계적인 설명을 추구하는 사회과학의 특성을 무시해서도 안 된다. 슘페터(조지프 슘페터, Joseph Alois Schumpeter, 1883~1950)의 주장대로 모든 이론의 한계를 인식하면서 경제 현상 및 경제 현상 간의 관계를 이해하고 설명하려는 노력과 태도가 필요하다(김동옥, 2002).

**지나친 과학성 추구는 현실 설명력을 떨어뜨릴 수 있다. 투자는 인간의 행위와 관련하므로, 인간을 배제하고 답이 하나뿐인 결론으로 이끄는 편협함은 경계해야 한다.**

훌륭한 투자자가 될 수 있는 조건을 가진 사람은 많지 않다. 배우면 가능한 사람도 있겠지만 이는 모든 사람에게 해당하는 것은 아니며, 가능한 사람일지라도 투자의 모든 것을 알 수는 없다. 효과적인 투자 전략이라도 경우에 따라 유효할 뿐 매번 효과적이지는 않기 때문이다. 투자를 한 가지 알고리즘으로 간소화할 수도 없으며, 컴퓨터에만 의지할 수도 없다. 또한 아무리 투자의 대가라 해도 항상 옳을 수는 없다.

이유는 간단하다. 투자에서 항상 적용할 수 있는 규칙이란 없기 때문이다. 환경은 통제 불가능하고 상황이 똑같이 반복되는 일은 드물다. 또한 투자자 심리가 시장에서 중요한 요소로 작용하고 많은 변수에 영향을 받기 때문에 인과관계를 신뢰할 수 없다. 한 가지 투자 전략이 한동안은 효과가 있겠지만, 너도나도 그 전략을 따르면서 결국 실효성이 떨어지고, 이윽고 새로운 투자 전략의 필요성이 대두된다. 다른 투자자들이 모방하는 전략은 효과가 떨어지기 때문이다.

경제학과 마찬가지로 실수가 발생할 수 있다는 점에서 투자는 과학보다 예술(art)에 가깝다(Marks, 2013).[17]

투자는 결국 '균형의 문제(question of balance)'이며, 균형은 상식을 적용함으로써 이루어진다. 투자자가 시장을 통제할 수 없는 이상, '상대적 결정(relative decision)'을 해야 한다. 존재하는 모든 가능성 중에서 최고를 선택하는 것이다(Marks, 2013).

투자는 예술(art)이다.

다음 장에서는…

지금까지 투자란 무엇인가에 대해 살펴보았다.

다음 장부터 3개의 장에서는 주류 투자 이론의 언어로 기초 지식을 학습한다. 먼저 3장에서는 화폐의 시간가치를 논한다. 이

17 역서(김경미, 2012) 인용

자율과 수익률, 현재가치와 미래가치를 이해하고 계산할 수 있게 될 것이다.

## 3장

# 화폐의 시간가치

이론은 인간에게 너무 이론적이다.

임마누엘 칸트

화폐의 가치는 금액과 시점에 따라 결정된다. 금액(amount)의 크기에 비례하고 시간(time)의 흐름에 반비례한다. 화폐는 시간의 경과에 따라 가치가 달라지므로, '화폐는 시간가치를 갖는다.' 이를 화폐의 시간가치(time value of money)라고 한다.

화폐(또는 현금, money)는 같은 금액이라면 현재 보유하고 있는 현금의 가치가 미래 보유하게 될 현금의 가치보다 크다. 현재 100원의 가치가 1년 후 100원의 가치보다 크다. 이는 유동성 선호를 보여준다. 존 메이너드 케인스(John Maynard Keynes)는 경제주체의 화폐 보유 욕구 또는 화폐 수요를 유동성선호(liquidity preference)라고 명명했다.[1]

1 케인스 이전의 고전학파에서는 이자율이 저축과 생산성이라는 실물 요인에 의존하며 통화량은 산출량의 절대 가격 수준을 결정하는 요인으로 이자율과 독립적이라고 보았다. 이를 화폐수량설(Quantity Theory of Money)이라고 한다. 이에 비해 케인스는 통화량과 미래에 대한 전망의 영향을 받는 유동성선호가 이자율을 결정하고, 이것이 실물경제에 영향을 준다고 설명한다(김동욱, 2021).
어빙 피셔(Irving Fisher, 1867~1947)의 교환방정식(equation of exchange) 또는 교환항등식(identity of exchange)을 살펴보면 화폐수량설을 이해할 수 있다. 교환방정식은 다음과 같다. MV≡PQ (M은 통화량, V는 화폐의 유통속도(velocity of money), P는 물가수준, Q는 생산량). 화폐수량설은 교환방정식을 다음과 같이 해석한다. ① V는 일정하다. ② 단기적으로 Q는 한정적이다. ③ M의 변화는 P에 전달된다. 즉, 화폐의 유통속도가 일정하므로 통화량의 증가는 물가 상승을 초래한다(김동욱, 2022).
통화주의(monetarism)는 통화량의 증가가 장기적으로는 물가 상승으로 귀결되지만, 단기적으로는 생산량 증가도 가져오므로 경제 활성화도 가능하다고 주장한다. 케인스주의(Keynesian)는 통화주의 및 화폐수량설과 달리, 화폐의 유통 속도가 안정적이지 않다고 보았다(Buchholz, 2007).

(…) 유동성선호의 3가지 종류는 다음과 같은 것에 의존하는 것으로 규정될 수 있을 것이다. 즉, ① 거래적 동기(transaction-motive), 즉 개인적 및 사업적 교환의 경상거래를 위한 현금의 필요, ② 예비적 동기(precaution-motive), 즉 총자산의 일정 비율에 상당하는 가치를 장래를 위한 현금으로 보유하려는 안정성의 욕구, ③ 투기적 동기(speculative-motive), 즉 장래에 일어날 일에 대해 시장보다 더 잘 아는 것으로부터 이윤을 확보하고자 하는 목적이 이것이다.[2] (…) 조직화한 시장이 없는 곳에서는 예비적 동기로 말미암은 유동성선호가 많이 증가할 것이며, 반면에 조직화한 시장이 존재할 때는 투기적 동기로 말미암은 유동성선호가 격심한 기복을 보일 기회가 생길 것이기 때문이다. (…) (거래적 동기는) 다시 소득동기(income-motive)와 영업동기(business-motive)로 세분류될 수 있다. (…) 소득동기-현금을 보유하는 하나의 이유는 소득의 수령과 그 지출 사이의 간격에 다리를 가설하고자 함에 있다. (…) 영업동기- (…) 현금은 영업비용이 발생하는 때와 판매 대금을 받을 때 사이에 다리를 놓기 위해 보유되기도 한다(존 메이너드 케인스 지음, 조순 옮김, 2007).

유동성선호는 현재의 현금을 미래의 현금보다 선호하

2 현재 이자율이 낮은 경우, 이자율 상승을 예상해서, 추후 금융계약 체결을 통한 더 높은 이자율 수취를 목적으로 화폐를 보유하고자 하는 욕구를 투기적 동기라 한다(김동옥, 2021).

는 것으로, 유동성(liquidity)은 즉시 현금화 가능성을 말한다. 유동성선호는 시간선호(또는 시차선호, time preference)와 불확실성(uncertainty)을 원인으로 발생한다.

시간선호는 유한한 존재인 인간이 현재 소비를 선호하는 본능적 성향을 원인으로 한다(임석필 외, 2023). 시간선호는 경제 주체가 미래 소비보다 현재 소비를 선호한다는 의미로 유동성의 특징인 즉시성을 반영한다. 물가가 상승하면 화폐의 구매력(purchasing power)이 감소하므로 미래의 현금보다 현재의 현금을 선호한다. 또한 현금 보유는 투자를 통해 미래에 더 큰 금액의 현금을 갖게 될 가능성을 제공할 수도 있다. 물가 상승(inflation) 가능성 및 투자 기회(investment opportunity)의 존재는 시간선호를 강화한다.

현재 소비하거나 현금으로 보유하는 대신 미래 현금 보유를 목적으로 하는 모든 선택은 시간의 경과에 따라 미래에 기대와 달리 현금을 보유하지 못할 가능성을 내포한다. 이러한 불확실성은 유동성선호의 원인이 된다.

3.1

—

# 이자율

시점이 같다면 금액이 큰 화폐의 가치가 더 크다. 금액이 같다면 미래의 현금은 현재의 현금보다 가치가 작다. 미래의 현금과 현재의 현금이 가치가 같다면 미래 현금의 금액이 더 커야 한다. 가치가 같은 미래 현금과 현재 현금의 차이(0 < 미래 현금 − 현재 현금)는 현재 소비를 포기한 대가이고, 이를 이자(interest)라고 한다. 이자를 원금(principal, 포기한 현재 소비의 크기 또는 현재 현금의 금액)에 대한 비율로 표시한 것을 이자율(interest rate)이라고 한다.

현재 소비를 포기하는 대가로 연 10%의 이자율을 요구한다면 현재의 100원과 가치가 같은 1년 후 현금은 110원이다. 이자율은 현재 시점의 화폐를 미래로 이동시키는 타임머신이다. 시간의 방향을 반대로 하여 1년 후 110원과 같은 가치의 현재 현금은 100원이다. 이 경우 미래 시점의 화폐를 현재로 이동시키는 타임머신의 이름은 할인율(discount rate)이다. 이자율과 할인율은 소비 지연에 대한 대가를 계량화한 결과로 시점의 이동 방향이 반대일 뿐 기능과 의미가 같다. 화폐 가치의 유지를 보장하는 이자율이라는 타임머신을 타고 미래로 이동하면 금액이 증가하고, 할인율이라는 타임머신을 타고 과거로 이동하면 금액이 감소한다(김동옥, 2021).



## 단리와 복리

단리(simple interest) 계산은 이자 계산 기간 중 발생한 이자에 대해 이자를 부가하지 않고, 복리(compound interest) 계산은 이자 계산 기간 중 발생한 이자에도 이자를 부가한다.

100원을 연 이자율 10%의 2년 만기 정기예금에 저축하면 2년 후에 받을 금액은 얼마일까? 단리 계산의 경우라면 1년 후 발생한 10원의 이자에 대해 2년 차에 이자 계산을 하지 않으므로 120원[3]이 된다. 하지만 복리 계산을 따르면 1년 후 발생한 10원의 이자에 대해 2년 차에 10%의 이자 1원이 더해져 121원[4]을 받는다(김동옥, 2021).

3 $100+10+10=100\times(1+0.1+0.1)=120$

4 $100+10+11=100\times(1+0.1)^2=121$

특별한 조건이 없다면 금융·투자계약의 이자 계산은 복리 계산 방식을 따른다.[5]

## 복리 효과와 이자율

연간표시이자율(APR, Annual Percentage Rate)과 연간실효이자율(EAR, Effective Annual Rate)의 구분은 복리 효과(compounding effect, snowball effect) 인정 여부에 따른다. 연간실효이자율은 연간 이자 지급 횟수(compounding frequency)를 고려하므로 연간 이자 지급 횟수가 1보다 큰 경우 연간표시이자율보다 크다. 연간 이자 지급 횟수가 1회라면 연간표시이자율과 연간실효이자율은 같다.

1년 만기 정기예금에 100원을 저축할 때 연간표시이자율이 12%로 같더라도 연간 이자 지급 횟수가 다르다면 1년 후 받게 될 만기 원리금에 차이가 난다. 이자 지급 횟수가 1회라면 112원[6]을 받지만, 이자 지급 횟수가 12회라면 112.68원[7]을 받는다. 두 번째 경우에는 매월 1%의 이자를 12번 받고 그 과정에서 발생한 이자에 다시 이자가 붙는 것이다. 첫 번째 경우에는 연간실효이자율이

5 고대 함무라비시대(BC.1792~1750)에도 장기대출의 경우 복리이자가 부과되었다 (Ferguson, 2008).

6 $100\times(1+0.12)^{1}=112$

7 $100\times(1+0.01)^{12}=112.68$

12%로 연간표시이자율과 같지만, 두 번째 경우에는 연간실효이자율이 12.68%로 연간표시이자율보다 크다(김동옥, 2021).[8]

연간 이자 지급 횟수가 1회라면 연간표시이자율과 연간실효이자율은 같다.

## 물가상승률과 이자율

인류의 자산가치는 끊임없이 증가해왔다. 화폐의 가치는 이러한 실물자산의 가치 상승분만큼 하락해왔는데, 이것이 바로 인플레이션(inflation, 물가상승)이다(김동옥, 2021).

명목이자율(nominal interest rate)과 실질이자율(real interest rate)은 물가상승률 고려 여부로 구분된다.

현재 시점에서 빵 10개의 소비를 포기(양보)하는 대가로 1

8 연간 이자 지급 횟수가 셀 수 있는 수인 경우 이산복리(discrete compounding)라 하고, 연간 이자 지급 횟수가 무한대(∞)인 경우 연속복리(continuous compounding)라고 한다. 연간 이자 지급 횟수가 2인 이산복리는 이자계산기간이 1/2년(6개월)이고, 연속복리의 이자계산기간은 0에 수렴한다. 이자 지급 횟수가 무한대인 경우는 현실에서 찾아볼 수 없지만, 연간 이자 지급 횟수가 충분히 큰 경우라면 연속복리 계산 결과가 이산복리 계산 결과와 차이가 크지 않아 미래가치의 근사치를 간단하게 계산할 수 있다. 본문의 예를 연속복리로 계산하면 1년 후 받게 될 금액은 112.75원(exp[100×12]=112.75)이고 연간실효이자율은 12.75%다(김동옥, 2021).
연속복리를 표현하는 지수함수(exponential function)는 미적분 후에도 형태를 유지하므로 금융·투자이론의 모형 구축에 유리하다(임석필, 2006).

년 후 11개의 빵을 요구하는 상황이라면, 실질이자율은 10%다. 그리고 현재의 빵 1개 가격은 100원이지만 2%의 물가상승률을 고려하면 1년 후에는 102원이 될 것으로 예상된다. 금액으로 표시하여 현재 시점에서 1,000원(= 10개 × 100원)을 포기하는 대가로 1년 후 1,122원(= 11개 × 102원)을 요구하는 것이다. 명목이자율은 12.2%이고, 약식으로 계산하면 12%다(김동옥, 2021).

명목이자율은 예상 물가상승률을 감안하여 결정되므로 물가가 상승하는 일반적인 상황에서는 실질이자율보다 크다. '(1 + 명목이자율) = (1 + 실질이자율) × (1 + 예상물가상승률)'의 관계가 성립한다.[9]

약식으로 '명목이자율=실질이자율+예상물가상승률'을 사용한다. '명목이자율=실질이자율+예상물가상승률+실질이자율×예상물가상승률'에서 '실질이자율×예상물가상승률'은 아주 작은 수이므로 약식에서는 무시한다.

9 계량경제학의 창시자 중 하나인 어빙 피셔(Irving Fischer, 1867~1947)의 이름을 따서 피셔방정식(Fischer equation)이라고 한다. 명목이자율은 확인이 가능하고 모두에게 동일하지만, 실질이자율(또는 실질금리)은 눈에 보이지 않고 개별 경제주체의 마음속에서만 존재한다. 명목이자율이 10%일 때 5%의 물가상승률을 예상하는 甲이 생각하는 실질이자율은 약 5%이고, 4%의 물가상승률을 예상하는 乙이 생각하는 실질이자율은 약 6%다(김동옥, 2021).

3.2

—

# 현재가치와 미래가치

동일 금액의 시점이 다른 두 현금의 가치를 비교할 때 미래의 현금은 현재 보유 현금에 포기한 소비의 대가가 더해져야 무차별할 것이다. 그러므로 금액이 같은 화폐의 현재가치(PV, Present Value)는 언제나 미래가치(FV, Future Value)보다 크다. 가치가 같다면 미래 시점의 화폐는 언제나 현재 시점의 화폐보다 금액이 커야 한다.

## 미래가치

현금은 시간이 흐름에 따라 이자가 더해지므로 이자율이 정해져 있다면 화폐의 미래가치는 현재가치에 이자가 부가된다.

$$FV_n = PV \times (1 + r)^n$$

$$FV_n = PV \times FVIF(r, n)$$

현재가치에 미래가치이자요소(FVIF, Future Value Interest Factor, $(1 + r)^n$) 또는 복리이자요소(CVIF, Compounded Value Interest Factor)를 곱하면 미래가치가 된다.

현재 시점의 화폐가 이자율이라는 타임머신을 타고 미래로 이동하는 과정을 부리(附利)과정 또는 복리(複利)과정(compounding process)이라고 한다.

$$\begin{aligned} FV_1 &= PV + PV \times r = PV \times (1 + r) &&= PV \times (1 + r)^1 \\ FV_2 &= FV_1 + FV_1 \times r = FV_1 \times (1 + r) && \\ &= PV \times (1 + r) \times (1 + r) &&= PV \times (1 + r)^2 \\ &\vdots && \vdots \\ FV_n & &&= PV \times (1 + r)^n \end{aligned}$$

## 현재가치

동일 금액 화폐의 미래가치는 언제나 금액이 같은 화폐의 현재가치보다 작다. 가치가 같다면, 현재 시점의 화폐는 언제나 미래 시점의 화폐보다 금액이 적어야 한다.

$$PV = \frac{FV_n}{(1+r)^n} = FV_n \times \frac{1}{(1+r)^n}$$
$$PV = FV_n \times PVIF(r, n)$$





미래가치에 현재가치이자요소(PVIF, Present Value Interest Factor, $\frac{1}{(1+r)^n}$)를 곱하면 현재가치가 된다.

미래 시점의 화폐가 할인율이라는 타임머신을 타고 과거로 이동하는 과정을 할인(割引) 과정(discounting process)이라고 한다.

3.3

# 연금의 현재가치와 미래가치

일정 기간에 매기 발생하는 일정한 현금흐름(CF, Cash Flow)을 연금(A, Annuity)이라고 한다.

$CF, CF, CF, \cdots, CF$

기말연금(annuity in areas) 또는 정상연금(ordinary annuity)은 매기 말에 발생하는 연금을 말한다. 기초연금(annuity in advance) 또는 선불연금(annuity due)은 매기 초에 발생하는 연금을 말한다.

기초연금의 현재가치는 기말연금의 현재가치에 (1+r)을 곱하여 계산한다. 기초연금의 미래가치는 기말연금의 미래가치에 (1+r)을 곱하여 계산한다.

## 연금의 현재가치

연금의 현재가치를 매기 발생 현금흐름으로 나타내면 다음과 같다.

$$\frac{CF}{(1+r)}, \frac{CF}{(1+r)^2}, \frac{CF}{(1+r)^3}, \cdots, \frac{CF}{(1+r)^n}$$

유한등비수열의 합($S_n$)을 구하는 공식은 초항 × $\frac{공비^n - 1}{공비 - 1}$ (= 초항 × $\frac{1 - 공비^n}{1 - 공비}$)이다.[10]

연금의 현재가치를 뜻하는 유한등비수열의 초항은 $\frac{CF}{(1+r)}$, 공비는 $\frac{1}{(1+r)}$ 이다. 위 공식에 대입하여 연금의 현재가치를 구할 수 있다.[11]

매기 발생하는 현금흐름에 연금의 현재가치이자요소(PVIFA, Present Value Interest Factor for Annuity)를 곱하면 연금의 현재가치를 계산할 수 있다.

$$PV(A) = \frac{CF}{(1+r)^1} + \frac{CF}{(1+r)^2} + \cdots + \frac{CF_{n-1}}{(1+r)^{n-1}} + \frac{CF_n}{(1+r)^n}$$

10
$$\begin{aligned} S_n &= a + ar^1 + ar^2 + \cdots + ar^{n-2} + ar^{n-1} \\ - \quad rS_n &= \quad\;\; ar^1 + ar^2 + \cdots + ar^{n-2} + ar^{n-1} + ar^n \\ \hline (1-r)S_n &= a - ar^n \end{aligned}$$

$$S_n = \frac{a - ar^n}{1 - r} = \frac{a(1 - r^n)}{1 - r} = a \times \frac{r^n - 1}{r - 1}$$

11 $PV(A) = \frac{CF}{(1+r)} \times \frac{1 - [\frac{1}{(1+r)}]^n}{1 - \frac{1}{(1+r)}} = \frac{CF}{(1+r)} \times \frac{1 - [\frac{1}{(1+r)}]^n}{\frac{r}{(1+r)}} = \frac{CF}{r} \times [1 - \frac{1}{(1+r)^n}]$

$$PV(A) = CF \times \frac{(1+r)^n - 1}{r(1+r)^n}$$

$$PV(A) = CF \times \mathrm{PVIFA}(r, n)$$

## 연금의 미래가치

연금의 미래가치를 매기 발생 현금흐름으로 나타내면 다음과 같다.

$$\frac{CF}{(1+r)^{n-1}}, \frac{CF}{(1+r)^{n-2}}, \frac{CF}{(1+r)^{n-3}}, \cdots, CF$$

매기 발생하는 현금흐름에 연금의 미래가치이자요소(FVIFA, Future Value Interest Factor for Annuity) 또는 연금의 복리이자요소(CVIFA, Compounded Value Interest Factor for Annuity)를 곱하면 연금의 현재가치를 계산할 수 있다.

$$FV(A) = CF(1+r)^{n-1} + CF(1+r)^{n-2} + \cdots + CF(1+r) + CF$$

$$FV(A) = CF \times \frac{(1+r)^n - 1}{r(1+r)^n} \times (1+r)^n$$

$$FV(A) = CF \times \frac{(1+r)^n - 1}{r}$$

$$FV(A) = CF \times FVIFA(r, n)$$

3.4

—

# 불규칙한 현금흐름의 현재가치와 미래가치

일정 기간에 매기 발생하는 현금흐름이 불규칙한 경우의 현재가치와 미래가치를 알아보자.

$CF_1, CF_2, CF_3, \cdots, CF_n$

불규칙한 현금흐름의 현재가치는 개별 현금흐름을 각각 할인하고 더하여 계산한다.

$$\frac{CF_1}{(1+r)} + \frac{CF_2}{(1+r)^2} + \frac{CF_3}{(1+r)^3} + \cdots + \frac{CF_n}{(1+r)^n}$$

불규칙한 현금흐름의 미래가치는 다음과 같다.

$$CF_1 \times (1 + r)^{n-1} + CF_2 \times (1 + r)^{n-2} + \cdots + CF_n$$

매기 일정한 현금흐름이 영구히 발생하는 현금흐름을 영구연금(P, Perpetuity)이라고 한다.

$$CF, CF, CF, CF, \cdots$$

매기 발생하는 현금흐름이 일정 비율로 성장하는 영구연금을 일정 성장 영구연금(GP, Growing Perpetuity)이라고 한다.

$$CF, CF \times (1 + g), CF \times (1 + g)^2, CF \times (1 + g)^3, \cdots$$

무성장 영구연금의 현재가치

무성장 영구연금의 현재가치를 매기 발생 현금흐름으로 나타내면 다음과 같다.

$$\frac{CF}{(1 + r)}, \frac{CF}{(1 + r)^2}, \frac{CF}{(1 + r)^3}, \frac{CF}{(1 + r)^4}, \cdots$$

유한등비수열의 합($S_n$)은 초항 × $\frac{1 - 공비^n}{1 - 공비}$ 이다. 무한등비수

열의 합($S_\infty$)은 $\frac{초항}{1-공비}$ 이다.[12]



무성장 영구연금의 현재가치를 뜻하는 무한등비수열의 초항은 $\frac{CF}{(1+r)}$ , 공비는 $\frac{1}{(1+r)}$ 이다. 위 공식에 대입하여 구한 무성장 영구연금의 현재가치는 $\frac{CF}{r}$ 이다.[13]

## 일정 성장 영구연금의 현재가치

일정 성장 영구연금의 현재가치를 매기 발생 현금흐름으로 나타내면 다음과 같다.

$$\frac{CF}{(1+r)}, \frac{CF(1+g)}{(1+r)^2}, \frac{CF(1+g)^2}{(1+r)^3}, \frac{CF(1+g)^3}{(1+r)^4}, \cdots$$

일정 성장 영구연금의 현재가치를 뜻하는 무한등비수열의 초항은 $\frac{CF}{(1+r)}$, 공비는 $\frac{1}{(1+r)}$ 이다. 일정 성장 영구연금의 현재가치는 $\frac{CF}{r-g}$ 이다.[14]

12 $S_\infty = \lim_{n\to\infty} \frac{a(1-r^n)}{(1-r)} = \frac{a}{1-r} \ (\because \lim_{n\to\infty} r^n = 0)$

13 $PV(P) = \frac{\frac{CF}{(1+r)}}{1-\frac{1}{(1+r)}} = \frac{\frac{CF}{(1+r)}}{\frac{r}{(1+r)}} = \frac{CF}{r}$

14 $PV(GP) = \frac{\frac{CF}{(1+r)}}{1-\frac{(1+g)}{(1+r)}} = \frac{\frac{CF}{(1+r)}}{\frac{(r-g)}{(1+r)}} = \frac{CF}{r-g}$

3.5

—

# 이자율과 수익률

이자율과 할인율은 모두 화폐의 시간가치를 뜻한다. 수익률(rate of return)도 이와 마찬가지로 화폐의 시간가치를 설명하는 개념이다. 미래 현금흐름의 크기가 확정된 은행예금의 경우 이자율로, 미래 현금흐름의 크기가 확정되지 않은 시간상 배분(주식 및 채권 투자 등)의 경우에는 수익률로 달리 지칭할 뿐이다. 그러므로 이자율, 할인율, 수익률은 다른 각도에서 바라본 동일 개념의 별칭이다.

현금흐름의 시간상 배분에서 현재 소비의 포기는 무언가로 보상되어야 한다. 이러한 보상은 시간보상(time premium)과 위험보상(risk premium)으로 구성된다. 시간보상은 시간선호를 포기하는 대가로 주어지는 보상이고, 위험보상은 불확실성을 부담하는 것에 대한 보상이다. 시간보상과 위험보상을 현재의 현금 액수에 대한 비율로 표시한 것을 수익률이라고 한다(김동욱, 2021).

사전적 수익률(ex-ante rate of return)인, 현재 시점의 확실한 현금흐름과 미래의 불확실한 현금흐름의 크기로 계산하는 수익률을 기대수익률(expected rate of return)이라고 한다. 기대수익률은 과거의 자료를 참고한 주관적 전망에 따라 결정된다. 사후적 수익률(ex-post rate of return)인 실현수익률(realized rate of return)은 투자 기간 종료 후 실제로 얻은 수익률을 말한다.

## 현물이자율

현물이자율($_0S_n$, spot rate 또는 zero rate)은 현재 시점에서 확인할 수 있는, 기산점이 현재인 이자율을 말한다. 현재 시점(t=0)부터 미래 일정 시점(t=n)까지의 현금흐름에 적용되는 이자율이다. 미래 일정 시점(t=n)의 현금흐름을 현재 시점(t=0)의 가치로 할인할 때 적용하는 할인율이다.

현물이자율은 채권의 현재 가격과 액면금액 간의 관계에서 도출된다.

만기 1년 정기예금 이자율이 1.0%이고 만기 2년 정기예금 이자율이 1.5%라면, 1년 현물이자율은 1.0%, 2년 현물이자율은 1.5%다.

## 선도이자율

선도이자율(${}_{i}f_{n}$, forward rate)은 현재 시점에서 결정된 미래의 특정 기간(t=i ~ t=n)에 적용되는, 기산점이 미래인, 이자율을 말한다. 그러므로 내재적 선도이자율(implied forward rate)이라고도 한다.

선도이자율은 만기가 다양한 현물이자율 간의 관계에서 도출된다.

$$(1 + {}_{0}S_{2})^{2} = (1 + {}_{0}S_{1}) \times (1 + {}_{1}f_{2})$$

$$\begin{aligned}(1 + {}_{0}S_{3})^{3} &= (1 + {}_{0}S_{1}) \times (1 + {}_{1}f_{2}) \times (1 + {}_{2}f_{3}) \\ &= (1 + {}_{0}S_{2})^{2} \times (1 + {}_{2}f_{3}) \\ &= (1 + {}_{0}S_{1}) \times (1 + {}_{1}f_{3})^{2}\end{aligned}$$

$${}_{i}f_{n} = \frac{(1 + {}_{0}S_{n})^{n}}{(1 + {}_{0}S_{i})^{i}} - 1$$

만기 1년 정기예금 이자율이 1.0%이고 만기 2년 정기예금 이자율이 1.5%라면, 1년 후 시점부터 2년까지 기간의 선도이자율은 2.0%다.[15]

장기 현물이자율은 단기 현물이자율과 단기 선도이자율의

15 $(1 + 0.015)^{2} = 1.0302 = (1 + 0.01) \times (1 + {}_{1}f_{2})$

$${}_{1}f_{2} = \frac{(1 + {}_{0}f_{2})^{2}}{(1 + {}_{0}S_{1})} - 1 = \frac{(1 + 0.015)^{2}}{(1 + 0.01)} - 1 = 0.02$$

기하평균[16]이다.[17]





## 만기수익률

만기수익률(YTM, Yield To Maturity)은 현재 가격으로 채권을 매입한 후 만기까지 보유할 경우의 기대수익률이다. 약정수익률(promised yield)이라고도 한다.

만기수익률은 기회비용(opportunity cost)을 의미하는 투자자의 요구수익률(required rate of return)이고, 채권의 현재 가격($P_0$)과 미래 현금흐름[C(Coupon, 이자) + F(Face Value, 원금)]의 현재가치를 일치시키는 할인율(또는 내부수익률, IRR, Internal Rate of Return)이다.[18] 연평균 투자수익을 평균 투자 금액으로 나누면 만기수익

16 조화평균 ≤ 기하평균 ≤ 산술평균

a와 b의 조화평균(H, harmonic mean): $\frac{2}{\frac{1}{a}+\frac{1}{b}}$ → 변화율 $\frac{n}{\frac{1}{\sum_{i=1}^{n}\frac{1}{a_i}}}$

a와 b의 기하평균(G, geometric mean): $(a \times b)^{1/2}$ → 성장률 $(\prod_{i=1}^{n} a_i)^{1/n}$

a와 b의 산술평균(A, arithmetic mean): $\frac{(a+b)}{2}$ $\frac{(\sum_{i=1}^{n} a_i)}{n}$

17 $(1 + {}_0S_2)^2 = (1 + {}_0S_1) \times (1 + {}_0f_2)$

$1 + {}_0S_2 = [(1 + {}_0S_1) \times (1 + {}_1f_2)]^{1/2}$

${}_0S_2 = [(1 + {}_0S_1) \times (1 + {}_1f_2)]^{1/2} - 1$

$(1 + {}_0S_3)^3 = (1 + {}_0S_1) \times (1 + {}_1f_2) \times (1 + {}_2f_3)$

$1 + {}_0S_3 = [(1 + {}_0S_1) \times (1 + {}_1f_2) \times (1 + {}_2f_3)]^{1/3}$

${}_0S_3 = [(1 + {}_0S_1) \times (1 + {}_1f_2) \times (1 + {}_2f_3)]^{1/3} - 1$

18 $P_0 = \frac{C}{(1+YTM)} + \frac{C}{(1+YTM)^2} + \cdots + \frac{C+F}{(1+YTM)^n}$

률의 근사치를 계산할 수 있다.

투자자가 ① 채권을 만기까지 보유하고, ② 기중 발생 현금흐름이 모두 만기수익률로 재투자되고, 발행자가 ③ 채권의 원리금을 모두 정상적으로 지급하는 경우 사전적 수익률인 만기수익률은 사후적 수익률인 실현수익률과 같다.

## 경상수익률

경상수익률(CY, Current Yield)은 채권의 매입가격(시장가격)에 대한 연간 이자금액의 비율이다.[19] 경상수익률은 자본이득 또는 자본손실을 고려하지 않는 수익률로 직접수익률 또는 단순수익률이라고도 한다.

채권의 액면발행(issue at par)은 채권의 표면이자율을 시장이자율과 같게 정한 액면가 발행을 말한다. 할증발행(issue at premium)은 표면이자율을 시장이자율보다 높게 정하여 액면금액보다 높은 금액으로 발행하는 것이다. 할인발행(issue at discount)은 표면이자율을 시장이자율보다 낮게 정하여 액면금액보다 낮은 금액으로 발행하는 것이다.

할인발행 채권은 경상수익률이 표면이자율보다 높고, 할증발행 채권은 경상수익률이 표면이자율보다 낮다.

19 $CY = \frac{I}{P_0}$ ($I$: 연간 이자지금액, $P_0$: 채권매입금액)

## 보유수익률

보유(기간)수익률(HPR, Holding Period Return) 또는 연간보유수익률(annualized holding period return)은 보유 기간(또는 투자 기간) 수익률을 연수익률로 환산한 값이다.[20] 자산(또는 증권) 매입 후 일정 기간 보유하고 매도한 경우, 보유 기간 중 획득한 투자 원금 대비 총수익률을 연복리 방식으로 계산한다.

1년 미만의 단기 투자에 대한 보유수익률은 단리 방식으로 계산한다.[21]

보유수익률은 사후 실현수익률로 투자성과 평가 기준으로 사용된다.

다음 장에서는…

이자율이 현재 시점의 화폐를 미래로 이동시키는 타임머신이라는 점을 이해했다면, 투자론의 기초를 이루는 포트폴리오이론을 살펴볼 차례다. 4장에서는 최적 포트폴리오 구성을 위한 이론의 전개에서 자본배분선, 자본시장선, 증권시장선을 구별하고, 자본자산결정모형의 의미와 활용법을 습득할 것이다.

20 $P_0 \times (1+HPR)^n = FV$($P_0$: 채권매입금액, $FV$: 실현총수익)
$HPR = \sqrt[n]{\frac{FV}{P_0}} - 1$

21 $HPR = \frac{FV}{P_0} \times \frac{365}{\text{보유일수}}$

4장

# 분산투자와 포트폴리오

투자란 이익을 얻기 위해 리스크를 감수하는 것이다.

하워드 막스

합리적인 투자는 동일 위험을 부담하면서 높은 수익률을 달성하거나, 수익률이 같다면 위험을 줄이는 것이다. 분산투자(diversification)는 두 번째 상황에 해당하는 합리적 투자다. 나누어 투자함으로써 위험을 최소화하는 것이다.

분산투자는 자산의 범주 및 만기의 다양화, 투자 업종 및 기업의 다양화 등의 방법으로 실행된다.

간단한 예를 들어 분산투자 효과를 설명하면 다음과 같다(김동옥, 2021).

긴급하고 중요한 배송을 해야 하는데 출발지에서 목적지로 가는 도로가 2개 있다. 두 도로 중 한 곳에 사고가 발생하여 차량 운행이 불가능한데 어느 도로에서 사고가 났는지는 알지 못한다. 이때 배송 물품 8개를 차량 1대에 싣고 두 도로 중 한 곳을 선택하여 출발한다면 배송을 완료하거나 못하는 2가지 경우의 수에 놓이게 되고 목적지에 도달할 물품의 기댓값은 4개다. 만약 배송 물품을 4개씩 둘로 나누어 차량 2대에 싣고 두 길로 따로 출발한다면 어떨까? 둘 중 하나는 목적지에 도달하여 배송을 완료할 수 있고, 목적지에 도달할 물품의 기댓값은 여전히 4개다. 기댓값은 동일하지만 첫 번째 방법은 완벽한 배송 실패라는 위험을 부담해야 하고, 두 번째 방법은 물품 4개의 배송 성공을 보장한다. 배송의 완전한 실패를 감당할 수 없는 상황이라면 두 번째 방법이 더 합리적인 선택이 된다.

조금 더 복잡한 예로 설명할 수도 있다. 위의 상황과 동일한데 도로는 하나뿐이고 1/2의 확률로 차량사고가 발생한다고 한다. 이번에도 차량 1대에 물품 8개를 싣고 가는 방법과 차량 2대에 물품 4개씩 나눠 싣고 가는 2가지 방법이 있다. 목적지에 도달할 물품의 기댓값은 두 방법 모두 4개다. 그러나 위험의 측정치인 분산 또는 표준편차는 다르다. 첫 번째 방법의 분산은 32이고 두 번째 방법의 분산은 16이다.[1]

**포트폴리오(portfolio)는 문서를 모아 휴대할 수 있는 꾸러미를 지칭하던 말로, 예술 창작물 또는 직무 성과 등을 정리한 경력 증명을 뜻한다. 금융·투자 분야에서는 분산투자가 이루어진 자산**

1 첫 번째 방법

기댓값: $8 \times \frac{1}{2} + 0 \times \frac{1}{2} = 4$

분산: $(8 - 4)^2 + (0 - 4)^2 = 32$

두 번째 방법

기댓값: $4 \times \frac{1}{2} + 0 \times \frac{1}{2} + 0 \times \frac{1}{2} + 4 \times \frac{1}{2} = 4$

분산: $(4 - 4)^2 \times \frac{1}{2} + (0 - 4)^2 \times \frac{1}{2} + (0 - 4)^2 \times \frac{1}{2} + (4 - 4)^2 \times \frac{1}{2} = 16$

의 집합 또는 위험을 줄이기 위한 분산투자 기법을 말한다.

포트폴리오이론(Portfolio Theory)은 위험을 계량화하여 분산투자를 위한 최적의 포트폴리오를 구성하는 이론적 기반을 제공한다.

4.1

—

# 위험과 수익률

불확실성(uncertainty)은 현재 시점에서 바라보는 미래의 막연함이다. 프랭크 나이트(Frank Hyneman Knight, 1885~1972)의 등장 이후 사람들은 계산할 수 있는 불확실성을 위험(risk)으로 구분하기 시작했다.[2]

해리 마코위츠(Harry Max Markowitz, 1927~2023) 이후 금융·투자 의사결정에서의 위험은 미래 현금흐름의 변동(가능)성(volatility)이다. 미래 상황별 기대 현금흐름의 분산(variance) 또는 표준편차(standard deviation)를 계산하여 관리한다.

2 1921년에 논문 〈위험, 불확실성, 그리고 이윤(Risk, Uncertainty, and Profit)〉을 발표했다. "앞으로 일어날 사건의 확률분포를 객관적으로 아는 경우를 위험(Knightian risk)이 있는 사건이라고 했고, 그렇지 못한 경우를 불확실성(Knightian uncertainty)이 있는 사건이라고 하여 양자를 명확히 구별한다(Beinhocker, 2006)." 역서(안현실·정성철, 2015) 인용.

## 위험과 기대수익률

위험회피(risk averseness)는 확실성(certainty)을 선호하는 인간의 본능에 기인하는 태도다. 그러나 상황에 따라서 위험에 중립적이거나 위험을 선호할 수도 있다. 이렇게 위험에 대한 다양한 취향을 위험성향(risk appetite)이라 하고, 위험성향에 따라 개별 경제주체 각각을 위험회피자(risk averter), 위험중립자(risk neutralist), 위험선호자(risk lover)로 나눌 수 있다.

기대수익률은 확실한 현재 현금흐름과 불확실한 미래 기대 현금흐름을 비교하여 구한다. 미래 상황(s, situation)별 확률(p, probability)과 상황별 수익률의 곱으로 계산한다.

$$E(R_i) = \sum_{s=1}^{n} p_s \times R_{is}$$

위험은 상황별 수익률이 기대수익률로부터 떨어진 크기로 계산한다. 수익률의 분산과 표준편차를 위험 측정치로 사용한다.

$$Var(R_i) = \sigma_i^2 = \sum_{s=1}^{n} p_s \times [R_{is} - E(R_i)]^2$$

$$SD(R_i) = \sigma_i = \sqrt{Var(R_i)}$$

확률변수 간의 관계를 나타내는 통계적 측정치로는 공분산

(Cov, covariance)과 상관계수(Cor, correlation coefficient)[3]가 쓰인다.

$$Cov(R_i, R_j) = \sigma_{ij} = \sum_{s=1}^{n} p_s \times [R_{is} - E(R_i)] \times [R_{js} - E(R_j)]$$

$$Cor(R_i, R_j) = \rho_{ij} = \frac{\sigma_{ij}}{\sigma_i \times \sigma_j}$$
$$= \frac{\sigma_{ij} = \sum_{s=1}^{n} p_s \times [R_{is} - E(R_i)] \times [R_{js} - E(R_j)]}{\sqrt{\sum_{s=1}^{n} p_s \times [R_{is} - E(R_i)]^2} \times \sqrt{\sum_{s=1}^{n} p_s \times [R_{js} - E(R_j)]^2}}$$

위험회피자에게 위험과 기대수익률은 상반관계(trade-off)다. 위험을 부담하지 않으려면 낮은 수익률을 감수해야 하고, 더 높은 수익률을 원하면 더 큰 위험을 감수해야 한다.

현재 시점에서 100원을 투자하는 4가지 선택의 1년 후 예상 결과가 다음 표와 같다고 가정해보자(김동욱, 2021).

위험과 기대수익률

| 선택 | 낙관 | (1/2) | 비관 | (1/2) | 기대현금흐름 | 기대수익률 |
|---|---|---|---|---|---|---|
| A | 110원 | 10% | 110원 | 10% | 110원 | 10% |
| B | 130원 | 30% | 90원 | -10% | 110원 | 10% |
| C | 140원 | 40% | 80원 | -20% | 110원 | 10% |
| D | 140원 | 40% | 90원 | -10% | 115원 | 15% |

3 -1 ≤ 상관계수 ≤ +1

누구든 3가지 선택(A, B, C)이 가능한 상황이다. 3가지 선택의 기대현금흐름이 동일하므로 기대수익률도 동일하다. 위험은 기대수익률과 상황별 수익률의 이격 정도를 나타내므로 A, B, C 순으로 위험이 증가함을 알 수 있다. 위험회피자는 기대수익률이 동일하므로 위험이 제일 작은 A를 선택한다. 위험중립자는 기대수익률만으로 의사결정을 하므로 3가지 선택이 무차별하다. 위험선호자는 기대수익률이 동일하므로 위험이 제일 큰 C를 선택한다.

4가지 선택(A, B, C, D)이 가능한 상황은 어떨까? 위험회피자는 A와 D 중에서 선택할 것이다. D는 A보다 기대수익률이 높지만 위험도 크다. 만약 위험회피자가 A와 D를 무차별하다고 판단했다면 A 대비 D의 증가한 위험에 대해 5%의 기대수익률 제고 또는 5원의 기대현금흐름 증가를 위험보상으로 원하고 있는 것이다.

**위험과 기대수익률이 상반관계라고 해서 위험한 선택이 결과적으로 높은 수익률을 보장하는 것은 아니다. 미래에 기대수익률이 확정적으로 실현되는 것이 아니라 여러 상황 중에서 하나가 실제로 발생함으로써 수익률이 확정되는 것이다.**

현재의 선택은 미래 상황 중 하나로 실현된다. 위 사례에서 C를 선택하면 사후적 수익률은 40% 또는 −20%가 구현된다.

## 기대효용극대화 기준

경제주체의 위험성향을 위험회피로 상정하는 경우가 일반적이지만, 위험회피자만이 합리적 경제인은 아니다.

동일한 개인도 상황에 따라 다른 선택을 할 수 있고, 때로는 이 선택이 더 합리적일 수도 있다. 선택을 위해 부담하는 현금의 크기가 작다면 (앞의 표에서) 3가지 선택(A ,B, C)은 무차별할 수 있고, 오락적 쾌감을 위해 C를 선택할 수도 있다.

좀 더 특수한 상황을 가정해보자. 위험회피자인 甲은 1년 후 140원의 비용이 드는 수술을 받지 않으면 사망하게 되고, 현재 소유한 부의 총액은 100원이다. 이때 甲의 합리적 선택은 뭘까? C다. A나 B를 선택하면 확실히 사망할 것이고, C를 선택하면 50%의 확률로 생존할 수 있기 때문이다(김동옥, 2021).

위험에 대한 태도는 상황에 따라 달라질 수 있다. 다만 일반적인 상황에서는 경제주체를 위험회피자로 가정하는 것이 올바른 인식이다.

기대효용이론(Expected Utility Theory)은 기대효용극대화 기준에 따른 선택을 설명한다. 불확실성이 없는 확실한 상황에서는 수익을 극대화하는 선택이 효용을 극대화한다. 불확실한(또는 위험한) 상황에서는 기대수익을 최대화하고 위험을 최소화하는 것

이 기대효용극대화 기준이다.[4]



위험회피형 투자자는 기대수익이 같다면 위험이 적은 대안을 선호하고, 위험이 같다면 기대수익이 큰 대안을 선호한다.

위험중립형 투자자는 위험의 크기와 상관없이 기대수익이 큰 대안을 선호한다.

위험선호형 투자자는 기대수익이 같다면 위험이 큰 대안을 선호하고, 위험이 같다면 기대수익이 큰 대안을 선호한다.

## 평균-분산 기준

평균-분산 기준(Mean-Variance Criterion)은 투자자의 주관적 분석 기준인 기대효용극대화 기준과 달리 객관적 분석 기준이다.

기대효용극대화 기준은 주관적인 필수 정보[5]를 파악하기 곤란하므로 적용의 한계가 인정된다. 평균-분산 기준은 제한적 가정[6]하에 기대수익률과 수익률의 분산이라는 객관적 정보만으로 적용할 수 있다.

평균-분산 기준은 지배원리(Dominance Principle for risk-

4 기대가치(expected value, expected wealth) $= E[W]$
기대효용(expected utility) $= E[U(W)] = E(U) = \sum_{s=1}^{n} p_s \times U(W_s)$
기대가치효용(utility of expected value) $= U[E(W)]$

5 미래 현금흐름에 대한 확률분포와 투자자 개인의 주관적 효용함수(utility function)

6 미래 수익률의 확률분포가 정규분포이거나 투자자의 효용함수가 2차 함수일 것

averse investor) 또는 평균-분산 지배원리로 설명할 수 있다. 지배원리(Dominance Theory)는 동일 기대수익률이라면 저위험 자산을 선호(선택)함으로써, 동일 위험이라면 고수익 자산을 선호(선택)함으로써 다른 자산을 지배한다는 뜻이다.

지배원리에 의해 선정된 자산들의 집합 중 투자자 자신의 효용을 극대화하는 투자자산을 선택하게 되고, 이 선택은 투자자의 주관적인 무차별곡선(indifference curve) 또는 평균-분산 무차별곡선에 따라 이루어진다. 투자기회집합(IOS, Investment Opportunity Set)에 존재하는 포트폴리오 중에서 평균-분산 기준에 의해 선택된 포트폴리오를 효율적 포트폴리오(efficient portfolio)라 한다.

평균-분산 기준에 의한 최적 선택은 2단계로 이루어진다. 제1단계에서는 지배원리에 따라 효율적 투자자산을 선별한다. 제2단계에서는 효율적 투자자산 중에서 기대효용을 극대화하는 최적 투자자산을 선택한다. 개별 투자자의 주관적 위험회피 정도를 고려하여 최적 투자자산을 선택한다. 개별 투자자의 주관적 위험회피 정도는 무차별곡선에 반영되어 있다.

## 4.2

# 포트폴리오이론

1952년 해리 마코위츠(Harry Max Markowitz)의 완전공분산 모형(Harry Markowitz Model)으로 성립된 포트폴리오이론은 이후 윌리엄 샤프(William Forsyth Sharpe, 1934~) 등에 의해 현대 포트폴리오이론(MPT, Modern Portfolio Theory)으로 정립되었다.

### 기대수익률과 위험

포트폴리오 기대수익률은 개별 자산 수익률의 가중평균이다. 포트폴리오 기대수익률에 영향을 미치는 요소는 개별 자산의 투자 비율($w_i$)과 개별 자산의 기대수익률($E(R_i)$)이다.

$$E(R_P) = f[w_i, E(R_i)]$$

$$R_P = w_1R_1 + w_2R_2$$

$$E(R_P) = E(w_1R_1 + w_2R_2)$$

$$E(R_P) = w_1E(R_1) + w_2E(R_2)$$

포트폴리오 위험은, 수익률 간 공분산의 영향으로, 개별 자산 수익률 분산의 가중평균이 아니다. 포트폴리오 위험에 영향을 미치는 요소는 개별 자산의 투자 비율($w_i$), 개별 자산 수익률의 분산($\sigma_i^2$), 개별 자산 수익률 간 공분산($\sigma_{ij}$)이다.

$$Risk = f[w_i, \sigma_i^2, \sigma_{ij}]$$

$$Var(R_P) = Var(w_1R_1 + w_2R_2)$$

$$\sigma^2_P = w_1^2\sigma_1^2 + w_2^2\sigma_2^2 + 2w_1w_2\sigma_{12}$$

$$\sigma^2_P = w_1^2\sigma_1^2 + w_2^2\sigma_2^2 + 2w_1w_2 \times \rho_{12} \times \sigma_1\sigma_2 = (w_1\sigma_1 + w_2\sigma_2)^2$$

$$w_1 = \frac{(\sigma_P - \sigma_2)}{(\sigma_1 - \sigma_2)}$$

## 분산투자 효과

포트폴리오를 구성하는 두 자산의 수익률 상관계수가 +1이라면(완전한 정의 상관관계), 수익률($E(R_P)$)과 위험($\sigma_P$)의 관계는 직선(1차 함수)의 형태로 나타난다. 직선 내에서 두 자산의 투자 비율($w_1$, $w_2$)을 조정하면서 투자 포트폴리오를 결정할 수 있다. 공매도(short sale, short selling)가 가능하면 직선이 확장되어 상관계수가

+1인 경우에도 무위험 포트폴리오를 구성할 수 있다.[7]

포트폴리오를 구성하는 두 자산의 수익률 상관계수가 −1이라면(완전한 부의 상관관계), 수익률과 위험의 관계는 두 개의 직선(1차 함수)의 형태로 나타난다.[8]

포트폴리오를 구성하는 두 자산의 수익률 상관계수가 +1이나 −1이 아니라면(-1 < 상관계수 < +1), 수익률과 위험의 관계는 곡선(2차 함수)의 형태로 나타난다. 곡선의 형태는 상관계수의 크기에 따라 결정되고, 상관계수가 −1에 가까울수록 Y축($E(R_P)$)에 근접한다(분산투자 효과가 커진다).

분산투자로 인해 줄어든 위험의 크기가 분산투자 이득이다. 상관계수가 +1이 아닌 한 분산투자로 위험을 줄일 수 있다.

상관계수가 +1인 경우 위험($\sigma_P = w_1\sigma_1 + w_2\sigma_2$)과 상관계수가 +1이 아닌 경우 위험(상관계수가 −1이라면 $\sigma_P = | w_1\sigma_1 - w_2\sigma_2 |$)의 차이($| w_1\sigma_1 - w_2\sigma_2 | < w_1\sigma_1 + w_2\sigma_2$)로 분산투자 효과의 크기를 측정할 수 있다.

7 $E(R_P) = w_1E(R_1) + w_2E(R_2)$

$$E(R_P) = [\frac{(\sigma_P - \sigma_2)}{(\sigma_1 - \sigma_2)}] \times E(R_1) + [1 - \frac{(\sigma_P - \sigma_2)}{(\sigma_1 - \sigma_2)}] \times E(R_2)$$

$$E(R_P) = [\frac{E(R_1) - E(R_2)}{(\sigma_1 - \sigma_2)}] \times \sigma_P + [1 - \frac{\sigma_1E(R_2) - \sigma_2E(R_1)}{(\sigma_1 - \sigma_2)}]$$

8 $E(R_P) = w_1E(R_1) + w_2E(R_2)$

$$\sigma^2_P = w^2_1\sigma^2_1 + w^2_2\sigma^2_2 + 2w_1w_2 \times \rho_{12} \times \sigma_1\sigma_2 = (w_1\sigma_1 - w_2\sigma_2)^2$$

$$\sigma_P = |w_1\sigma_1 - w_2\sigma_2|$$

$$\sigma_P = w_1\sigma_1 - w_2\sigma_2,\ \sigma_P = -w_1\sigma_1 + w_2\sigma_2$$

$$w_1 = \frac{(\sigma_2 + \sigma_P)}{(\sigma_1 + \sigma_2)},\ w_1 = \frac{(\sigma_2 - \sigma_P)}{(\sigma_1 + \sigma_2)}$$

$$E(R_P) = [\frac{E(R_1) - E(R_2)}{(\sigma_1 + \sigma_2)}] \times \sigma_P + [\frac{\sigma_1E(R_2) + \sigma_2E(R_1)}{(\sigma_1 + \sigma_2)}]$$

$$E(R_P) = [\frac{E(R_1) - E(R_2)}{(\sigma_1 + \sigma_2)}] \times \sigma_P - [\frac{\sigma_1E(R_2) + \sigma_2E(R_1)}{(\sigma_1 + \sigma_2)}]$$

## 최소분산 포트폴리오와 효율적 투자선

주어진 상관계수 아래에서, 두 자산의 투자 비율 조정을 통한, 위험이 가장 작은 포트폴리오를 최소분산 포트폴리오(MVP, Minimum Variance Portfolio)라 한다. 포트폴리오 수익률의 분산($\sigma^2_P$)을 투자 비율($w_1$)에 대해 1차 미분한 값이 0이 되도록 투자 비율($w_1$, $w_2$)을 결정한다.[9]

최소분산 포트폴리오를 포함한 곡선의 효율적 포트폴리오 집합을 효율적 투자선(efficient frontier)이라 한다.

9 $$\begin{aligned}\sigma^2_P &= w^2_1\sigma^2_1 + w^2_2\sigma^2_2 + 2w_1w_2\sigma_{12}\\ &= w^2_1\sigma^2_1 + (1 - w_1)^2\sigma^2_2 + 2w_1(1 - w_1)\sigma_{12}\\ &= w^2(\sigma^2_1 + \sigma^2_2 - 2\sigma_{12}) - 2w_1(\sigma^2_2 - \sigma^2_1) + \sigma^2_2\\ \frac{d\sigma^2_P}{dw_1} &= 2w_1(\sigma^2_1 + \sigma^2_2 - 2\sigma_{12}) - 2w_1(\sigma^2_2 - \sigma^2_1)\\ w_1 &= \frac{(\sigma^2_2 - \sigma_{12})}{(\sigma^2_1 + \sigma^2_2 - 2\sigma_{12})}\end{aligned}$$

## 4.3

# 최적 투자 포트폴리오 - 위험자산

위험자산만으로 이루어진 최적 투자 포트폴리오(OIP, Optimizing Investment Portfolio)를 구성하는 과정은 다음과 같다. 이 과정을 포트폴리오 최적화(portfolio optimization)라고 한다.

### 자산의 수가 3개인 포트폴리오

3개의 자산으로 구성된 포트폴리오의 기대수익률과 위험은 아래와 같고[10], 포트폴리오 위험을 행렬로 나타내면 그림 4-1과 같다.

10 $R_P = w_1R_1 + w_2R_2 + w_3R_3$

$E(R_P) = w_1E(R_1) + w_2E(R_2) + w_3E(R_3)$

$Var(R_P) = Var(w_1R_1 + w_2R_2 + w_3R_3)$

$\sigma^2_P = w^2_1\sigma^2_1 + w^2_3\sigma^2_3 + 2w_1w_2\sigma_{12} + 2w_2w_3\sigma_{23} + 2w_3w_1\sigma_{31}$

그림 4-1 분산-공분산 행렬(자산의 수가 3개인 포트폴리오)

| 열 \ 행 | 자산1($w_1R_1$) | 자산2($w_2R_2$) | 자산3($w_3R_3$) |
|---|---|---|---|
| 자산1($w_1R_1$) | $w_1w_1\sigma_{11}=w^2{}_1\sigma^2{}_1$ | $w_1w_2\sigma_{12}$ | $w_1w_3\sigma_{13}$ |
| 자산2($w_2R_2$) | $w_2w_1\sigma_{21}$ | $w_2w_2\sigma_{22}=w^2{}_2\sigma^2{}_2$ | $w_2w_3\sigma_{23}$ |
| 자산3($w_3R_3$) | $w_3w_1\sigma_{31}$ | $w_3w_2\sigma_{32}$ | $w_3w_3\sigma_{33}=w^2{}_3\sigma^2{}_3$ |

위 행렬을 분산-공분산 행렬(variance-covariance matrix) 또는 공분산 행렬(covariance matrix)이라 한다. 음영으로 표시된 대각선 셀은 분산(자산1과 자산1의 공분산은 자산1의 분산)이므로 포트폴리오 위험을 구성하는 9개의 항목(셀) 중 3개는 분산, 6개는 공분산이다. 그리고 6개의 공분산은 동일 공분산 2개씩으로($w_1w_2\sigma_{12}$ = $w_2w_1\sigma_{21}$) 구성된 3종이다.

## 자산의 수가 n개인 포트폴리오

n개의 자산으로 구성된 포트폴리오의 기대수익률과 위험은 아래와 같고,[11] 포트폴리오 위험을 행렬로 나타내면 그림 4-2

11 $R_P = w_1R_1 + w_2R_2 + \cdots + w_nR_n$

$R_P = \sum_{i=1}^{n} w_iR_i$

$E(R_P) = w_1E(R_1) + w_2E(R_2) + w_3E(R_3)$

$R_P = \sum_{i=1}^{n} w_iR_i$

$Var(R_P) = \sum_{i=1}^{n}\sum_{j=1}^{n} w_iw_j\sigma_{ij}$

$= \sum_{i=1}^{n}\sum_{j=1}^{n} w_iw_j\rho_{ij}\sigma_i\sigma_j$

$= \sum_{i=1}^{n} w^2{}_i\sigma^2{}_i + \sum_{i=1}^{n}\sum_{j=1}^{n} w_iw_j\sigma_{ij} \quad \text{for } i \neq j$

$= \sum_{i=1}^{n} w^2{}_i\sigma^2{}_i + 2\times\sum_{i=1}^{n}\sum_{j=1}^{n} w_iw_j\sigma_{ij} \quad \text{for } i < j \text{ or } j < i$

그림 4-2 분산-공분산 행렬(자산의 수가 n개인 포트폴리오)

| 열 \ 행 | 자산1($w_1R_1$) | 자산2($w_2R_2$) | … | 자산3($w_3R_3$) |
|---|---|---|---|---|
| 자산1($w_1R_1$) | $w_1w_1\sigma_{11}=w^2{}_1\sigma^2{}_1$ | $w_1w_2\sigma_{12}$ | … | $w_1w_n\sigma_{1n}$ |
| 자산2($w_2R_2$) | $w_2w_1\sigma_{21}$ | $w_2w_2\sigma_{22}=w^2{}_2\sigma^2{}_2$ | … | $w_2w_n\sigma_{2n}$ |
| : | : | : | … | : |
| 자산n($w_nR_n$) | $w_nw_1\sigma_{n1}$ | $w_nw_2\sigma_{n2}$ | … | $w_nw_n\sigma_{nn}=w^2{}_n\sigma^2{}_n$ |

와 같다.

포트폴리오 위험은 총 $n^2$개의 항(셀)으로 구성된다. 대각선 셀은 분산, 이외의 셀은 공분산이므로 $n^2$개의 항은 n개의 분산과 $(n^2-n)$개의 공분산으로 이루어져 있다. 포트폴리오를 구성하는 자산의 수가 증가할수록 공분산이 총위험에 미치는 영향이 커진다.

등가중 포트폴리오(equally-weighted portfolio)를 이용하여 분산투자 효과를 살펴보자. 등가중 포트폴리오는 개별 자산의 가중치가 1/n인 포트폴리오를 말한다. 자산의 수를 무한대로 늘리면 포트폴리오의 총위험은 공분산($\overline{\sigma_{ij}}$)으로 수렴한다. 포트폴리오의 총위험($\sigma^2{}_P$)은 체계적 위험(systematic risk, $\overline{\sigma_{ij}}$)과 비체계적 위험(unsustematic risk, $(\frac{1}{n})\times(\overline{\sigma^2{}_i}-\overline{\sigma_{ij}})$)으로 구성된다. 체계적 위험은 공통 요인 위험, 제거 불가 위험으로 시장위험(market risk)이라고도 한다. 비체계적 위험은 개별 요인 위험, 제거 가능 위험으로 고유 위험(idiosyncratic risk)이라고도 한다.

비체계적 위험은 분산투자로 제거할 수 있으므로 시장은 비체계적 위험을 부담하는 대가를 보상하지 않는다. 그러므로 분산투자 후 투자자가 궁극적으로 부담하는 위험인 체계적 위험만이 보상 대상 위험이다.[12]

## 포트폴리오 위험에 대한 개별 자산의 공헌도와 공헌비율

2자산 포트폴리오를 예로 공헌도와 공헌비율을 살펴보자. 그림 4-3은 2자산 포트폴리오의 분산-공분산 행렬이다.

그림 4-3 분산-공분산 행렬(자산의 수가 2개인 포트폴리오)

| 열 \ 행 | 자산1($w_1R_1$) | 자산2($w_2R_2$) |
|---|---|---|
| 자산1($w_1R_1$) | $w_1w_1\sigma_{11}=w^2{}_1\sigma^2{}_1$ | $w_1w_2\sigma_{12}$ |
| 자산2($w_2R_2$) | $w_2w_1\sigma_{21}$ | $w_2w_2\sigma_{22}=w^2{}_2\sigma^2{}_2$ |

12 $w_i = \frac{1}{n}$

$$
\begin{aligned}
Var(R_P) &= \sum_{i=1}^{n} w^2{}_i\sigma^2{}_i + \sum_{i=1}^{n}\sum_{j=1}^{n}{}_{i\neq j} w_i w_j \sigma_{ij} \\
&= \sum_{i=1}^{n}\left(\frac{1}{n}\right)^2\sigma^2{}_i + \sum_{i=1}^{n}\sum_{j=1}^{n}{}_{i\neq j}\left(\frac{1}{n}\right)\left(\frac{1}{n}\right)\sigma_{ij} \\
&= \left(\frac{1}{n}\right)\times\sum_{i=1}^{n}\frac{\sigma^2{}_i}{n} + \left(\frac{1}{n}\right)\times\sum_{i=1}^{n}\sum_{j=1}^{n}{}_{i\neq j}\frac{\sigma_{ij}}{n} \\
&= \left(\frac{1}{n}\right)\times\sum_{i=1}^{n}\frac{\sigma^2{}_i}{n} + \left(\frac{n-1}{n}\right)\times\sum_{i=1}^{n}\sum_{j=1}^{n}{}_{i\neq j}\frac{\sigma_{ij}}{n(n-1)} \\
&= \left(\frac{1}{n}\right)\times\overline{\sigma^2{}_i} + \left(\frac{n-1}{n}\right)\times\overline{\sigma_{ij}} \\
&= \left(\frac{1}{n}\right)\times\left(\overline{\sigma^2{}_i} - \overline{\sigma_{ij}}\right) + \overline{\sigma_{ij}}
\end{aligned}
$$

$$\lim_{n\to\infty} Var(R_P) = \overline{\sigma_{ij}}$$

포트폴리오 총위험($\sigma^2_P$)에서 자산1의 공헌도는 $w^2_1\sigma^2_1$와 $w_1w_2\sigma_{12}$의 합이고, 자산2의 공헌도는 $w_2w_1\sigma_{21}$와 $w^2_2\sigma^2_2$의 합이다.[13]

포트폴리오 총위험($\sigma^2_P$)을 1이라고 했을 때 포트폴리오 총위험에 대한 자산1의 공헌비율은 총위험에서 자산1의 공헌도가 차지하는 비율, 자산2의 공헌비율은 총위험에서 자산2의 공헌도가 차지하는 비율을 가리킨다.[14]

## 최적 투자 포트폴리오

최적 포트폴리오를 선택하는 과정은 2단계로 이루어진다.

제1단계는 효율적 투자선을 도출하는 객관적 단계다. 지배이론에 따른 효율적 포트폴리오를 선별하는 과정이다. 제1단계는 ① 투자기회집합 ② 최소분산선(minimum variance frontier) ③ 최소분산 포트폴리오 ④ 효율적 투자선 도출이라는 과정을 거친다. 지배이론에 따라 동일 수익률 조건에서의 위험 최소화를 추구하며

13 $w^2_1\sigma^2_1 + w_1w_2\sigma_{12} = w_1 \times (w_1\sigma^2_1 + w_2\sigma_{12}) = w_1\sigma_{1P}$

$Cov(R_1 + R_P) = \sigma_{1P} = Cov(R_1, w_1R_1 + w_2R_2) = (w_1\sigma^2_1 + w_2\sigma_{12})$

$w^2_2\sigma^2_2 + w_2w_1\sigma_{21} = w_2 \times (w_2\sigma^2_2 + w_1\sigma_{21}) = w_2\sigma_{2P}$

$Cov(R_1 + R_P) = \sigma_{2P} = Cov(R_2, w_1R_1 + w_2R_2) = (w_2\sigma^2_2 + w_1\sigma_{21})$

$w^2_1\sigma^2_2 + w_1w_2\sigma_{12} + w^2_2\sigma^2_2 + w_2w_1\sigma_{21} = Var(R_P)$

$Var(R_P) = \sigma^2_P = Cov(R_PR_P) = Cov(w_1R_1 + w_2R_2, R_P) = w_1\sigma_{1P} + w_2\sigma_{2P}$

14 $\frac{\sigma^2_P}{\sigma^2_P} = 1$

$\frac{w_1\sigma_{1P}}{\sigma^2_P} = w1 \times \frac{\sigma_{1P}}{\sigma^2_P}$

$\frac{w_2\sigma_{2P}}{\sigma^2_P} = w2 \times \frac{\sigma_{2P}}{\sigma^2_P}$

최소분산선이 도출되고, 동일 위험 조건에서 수익률 최대화를 추구하며 효율적 투자선이 도출된다.

제2단계는 투자자의 주관적 위험회피 성향이 반영된다. 개별 투자자의 무차별곡선와 효율적 투자선의 접점 포트폴리오를 최적 포트폴리오로 선택한다.

4.4

—

# 최적 투자 포트폴리오
## – 무위험자산 + 위험자산

위험자산만을 고려하여 최적 투자 포트폴리오 선택 과정을 설명한 해리 마코위츠(Harry Max Markowitz)의 포트폴리오이론에 기초하여 잭 트레이너(Jack Lawrence Treynor, 1930~2016), 윌리엄 샤프(William Forsyth Sharpe, 1934~ ), 존 린트너(John Virgil Linter, 1916~1983), 얀 모신(Jan Mossin, 1936~1987) 등의 연구 성과에 힘입어 무위험자산까지 고려한 최적 투자 포트폴리오 선택 과정을 설명하는 이론이 구축되었다.

### 무위험자산

무위험자산(risk-free asset)은 수익률의 변동성이 0인 자산이므로 기대수익률과 실현수익률이 같다. 무위험자산 수익률의 분

산과 표준편차는 0이다. 무위험자산과 위험자산 수익률의 공분산은 0이다.[15]

무위험자산과 위험자산(risky asset)으로 구성된 포트폴리오의 수익률과 위험은 아래와 같다.[16]

완벽한 무위험자산은 존재하지 않지만, 현실에서는 국채를 대용치로 하여 국채 수익률을 무위험이자율(또는 무위험자산 수익률)로 사용한다.

$$\text{자본배분선 } CAL\text{: } E(R_P) = R_f + [\frac{E(R_A) - R_f}{б_A}] \times б_P$$

자본배분선(CAL, Capital Allocation Line)은 무위험자산과 위험자산(A)으로 구성된 포트폴리오의 위험과 기대수익률의 선형관

15 $E(R_f) = R_f$
$Var(R_f) = 0,\ \sigma_f = 0$
$Cov(R_f, R_i) = 0$

16 $R_P(1 - \mathrm{w}_A)R_f + \mathrm{w}_A R_A$
$E(R_P) = (1 - \mathrm{w}_A)E(R_f) + \mathrm{w}_A E(R_A)$
$= R_f + \mathrm{w}_A \times [E(R_A) - R_f]$
$Var(R_P) = (1 - \mathrm{w}_A)^2 Var(R_f) + \mathrm{w}^2{}_A Var(R_A) + 2(1 - \mathrm{w}_A)\mathrm{w}_A Cov(R_f, R_A)$
$= \mathrm{w}^2{}_A Var(R_A)$
$= \mathrm{w}^2{}_A \sigma^2{}_A$
$\sigma_P = \mathrm{w}_A \sigma_A$
$\mathrm{w}_A = \frac{\sigma_P}{\sigma_A}$

그림 4-4 자본배분선(CAL)

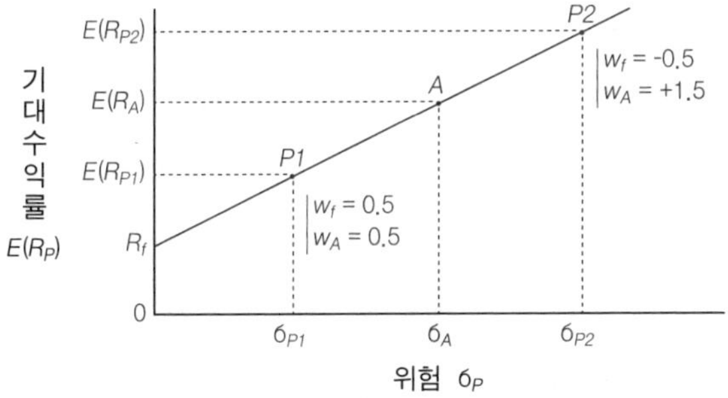




계를 보여준다.[17]

자본배분선은 포트폴리오의 기대수익률이 무위험이자율과 위험프리미엄(RP, Risk Premium)의 합임을 보여준다. 포트폴리오의 위험프리미엄($[\frac{E(R_A) - R_f}{\sigma_A}] \times \sigma_P$)은 위험자산의 위험프리미엄($E(R_A) - R_f$)의 함수다. 포트폴리오의 위험프리미엄은 위험자산의 위험 1 단위당 위험프리미엄($[\frac{E(R_A) - R_f}{\sigma_A}]$)과 포트폴리오 위험($\sigma_P$)의 곱이다. 자본시장선의 기울기인 위험자산의 위험 1단위당 위험프리미엄은 위험자산의 위험보상비율(RVAR, Reward-to-VAriability Ratio)이다.

17 $E(R_P) = R_f + w_A \times [E(R_A) - R_f]$

$$w_A = \frac{\sigma_P}{\sigma_A}$$

$$E(R_P) = R_f + \frac{\sigma_P}{\sigma_A} \times [E(R_A) - R_f]$$

$$E(R_P) = R_f + [\frac{E(R_A) - R_f}{\sigma_A}] \times \sigma_P$$

$$\text{자본시장선 } CML\text{: } E(R_P) = R_f + \left[ \frac{E(R_M) - R_f}{\sigma_M} \right] \times \sigma_P$$

자본시장선(CML, Capital Market Line)은 무위험자산과 위험자산인 시장포트폴리오로 구성된 포트폴리오의 위험과 기대수익률의 선형관계를 보여준다. 시장포트폴리오(M, Market portfolio)는 현실에서는 구현할 수 없는 가상의 포트폴리오다. 균형 자본시장을 가정하여 세상에 존재하는 모든 자산의 가치가중(value-weighted) 포트폴리오를 뜻한다. 실제로는 위험자산으로 주식만 존재한다고 가정하여 주가지수를 시장포트폴리오의 대용치로 사용한다.

시장포트폴리오에 포함되는 개별 자산의 가중치는 개별 자산의 시장가치를 위험자산의 시장가치 합으로 나눈 값이다. 그러므로 시장포트폴리오는 완전 분산투자된 포트폴리오이다. 추가적 분산이 불가하므로 비체계적 위험이 모두 제거된 효율적 포트폴리오이다.

그림 4-5 자본시장선(CML)

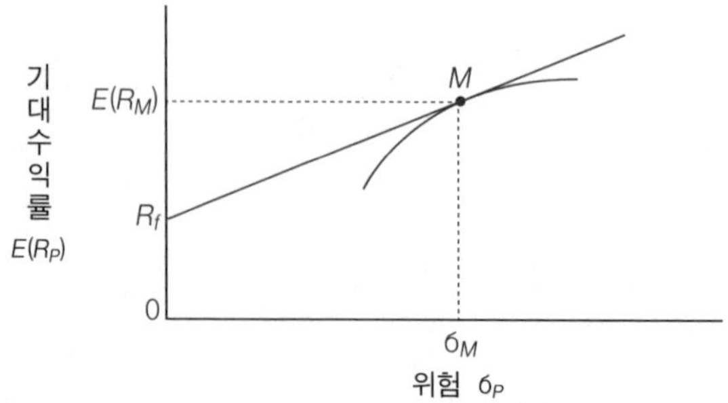

자본시장선의 기울기($\frac{E(R_M) - R_f}{σ_M}$)는 시장포트폴리오의 위험보상비율, 즉 시장포트폴리오의 기대수익률에 반영된 위험($σ_M$) 1단위당 위험프리미엄을 나타낸다. 이는 균형 시장에서 결정된 위험 1단위당 위험프리미엄으로 위험의 균형가격 또는 위험의 시장가격이다.

자본시장선은 무위험자산에서 시작된 효율적 투자선과의 접선이고, 시장포트폴리오는 접점에 해당한다. 합리적 투자자는 무위험자산과 위험자산으로 구성된 포트폴리오를 구성할 때 위험자산으로 시장포트폴리오만 선택한다. 왜냐하면 이 포트폴리오가 위험보상비율이 가장 큰 포트폴리오이기 때문이다. 위험 1단위당 위험프리미엄이 시장포트폴리오보다 큰 비효율적 자산(또는 포트폴리오)은 존재할 수 없으므로 모든 비효율적 포트폴리오(또는 개별 자산)는 자본시장선 하단에 존재한다. 그러므로 자본시장선상에 존재하는 포트폴리오는 완전히 분산된 효율적 포트폴리오다.

## 최적 투자 포트폴리오

제임스 토빈(James Tobin, 1918~2002)의 분리정리(Separation Theorem)에 따라 무위험자산과 위험자산으로 구성된 최적 투자 포트폴리오의 선택은 2단계로 분리된다.

제1단계에서는 최적 위험자산 포트폴리오가 결정된다. 이 과정은 순전히 기술적으로 이루어지는 객관적 과정이다. 투자자의 주관적 위험회피 성향(또는 수준)과 무관하게 효율적 투자선상의 시장포트폴리오가 선택된다.

제2단계에서는 투자자의 무차별곡선에 반영된 주관적 위험회피 성향이 반영되어 기대효용을 극대화할 수 있는 최적 투자 포트폴리오가 결정된다. 무위험자산과 시장포트폴오의 투자 비율을 조정함으로써 완성된다.

4.5

# 자본자산가격결정모형

자본자산가격결정모형(CAPM, Capital Asset Pricing Model)은 무위험자산과 위험자산으로 구성된 최적 투자 포트폴리오 선택을 설명하므로, 해리 마코위츠(Harry Max Markowitz)의 이론을 포함하여, 현대 포트폴리오이론이라고 한다.

CAPM은 엄격한 가정을 전제로 한다. 마코위츠의 포트폴리오이론의 가정-① 1 투자 기간 가정, ② 위험회피형 투자자(risk-averse investors), ③ 기대효용극대화(maximum expected utility), ④ 평균-분산 기준(mean-variance criterion), ⑤ 미래 수익률 확률분포에 대한 동질적 기대(homogeneous expectation)-에 3가지 가정을 더한다. ⑥ 완전자본시장(perfect market), ⑦ 균형자본시장(equilibrium market), ⑧ 무위험자산(risk free asset)이 존재하고, 투자자는 무위험이자율(risk free rate)로 자유롭게 차입과(borrowing) 대

출(lending)이 가능하다.

## 체계적 위험 측정치-$\beta$

무위험자산과 위험자산으로 구성된 최적 투자 포트폴리오를 구성하는 위험자산은 시장포트폴리오이고, 시장포트폴리오는 체계적 위험만을 보유하는 효율적 자산이므로 체계적 위험과 비체계적 위험을 모두 포함하는 총위험 측정치인 수익률의 분산(또는 표준편차)이 아닌 새로운 위험 측정치가 필요하다.

새로운 위험 측정치는 개별 자산의 시장포트폴리오의 총위험($\sigma^2_M$)에 대한 기여도를 나타내는 체계적 위험의 측정치여야 한다. 시장포트폴리오의 총위험에 대한 개별 자산의 공헌비율을 기초로 하여, 단순 투자 비율($w_i$)을 제외한, 새로운 체계적 위험 측정치를 만들었고 이것을 $\beta$라 한다.[18]

$\beta_i$는 시장의 총위험($\sigma^2_M$)을 1로 보았을 때 자산 i의 체계적 위험의 크기를 나타낸다. $\beta$는 가법성(additive property)을 갖는다.[19]

$\beta_i$는 체계적 위험의 측정치이자 시장포트폴리오의 수익률

18 $w_i \times \frac{\sigma_{iM}}{\sigma^2_M}$

$$\frac{\sigma_{iM}}{\sigma^2_M} = \beta_i$$

19 $\beta_i = \frac{\sigma_{iM}}{\sigma^2_M} = \frac{\rho_{iM}\sigma_i\sigma_M}{\sigma^2_M} = \frac{\sigma_i}{\sigma_M} \times \rho_{iM}$

$$\beta_M = \sum_{i=1}^{n}(w_1\beta_1 + w_2\beta_2 + \cdots + w_n\beta_n) = 1$$

변동에 대한 개별 자산 i의 수익률 변동의 민감도를 의미한다. $1 < \beta_i$인 자산을 공격적 자산이라고 한다. 공격적 자산은 수익률이 시장포트폴리오 수익률보다 민감하게 변동한다. $\beta_i < 1$인 자산을 방어적 자산이라고 한다. 방어적 자산은 수익률이 시장포트폴리오 수익률보다 둔감하게 변동한다. 인 자산을 무위험 자산이라고 한다.

$$증권시장선 SML: E(R_i) = R_f + [E(R_M) - R_f] \times \beta_i$$

자본시장선은 효율적 포트폴리오만을 설명하므로, 자본시장선상의 포트폴리오 총위험은 체계적 위험뿐이다. 그러므로 자본시장선은 자본시장선 하단에 존재하는 충분히 분산되지 않은 포트폴리오나 비효율적 개별 자산의 기대수익률과 위험의 관계를 설명할 수 없다. 비효율적 포트폴리오나 개별 자산의 기대수익률과 위험의 균형식이 증권시장선(SML, Security Market Line)이다.

그림 4-6 증권시장선(SML)

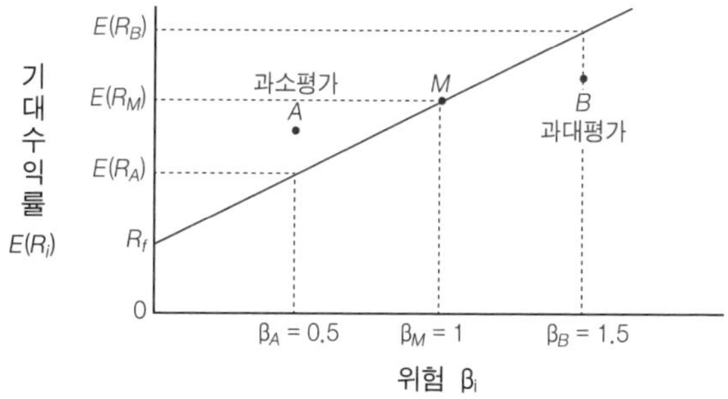

증권시장선은 균형상태에서 기대수익률과 체계적 위험과의 선형관계를 보여준다.

시장포트폴리오의 기대수익률은 개별 자산의 시장포트폴리오 기대수익률에 대한 공헌도의 합이다.

$$E(R_M) = w_1E(R_1) + w_2E(R_2) + \cdots + w_nE(R_n)$$

시장포트폴리오의 위험프리미엄은 개별 자산의 시장포트폴리오 위험프리미엄에 대한 공헌도의 합이다.

$$E(R_M) - R_f = w_1[E(R_1) - R_f] + w_2[E(R_2) - R_f] + \cdots + w_n[E(R_n) - R_f]$$

시장포트폴리오의 총위험은 개별 자산의 시장포트폴리오 총위험에 대한 공헌도의 합이다.

$$Var(R_M) = \sigma^2_M = w_1\sigma_{1M} + w_2\sigma_{2M} + \cdots + w_n\sigma_{nM}$$

위험보상비율은 위험부담에 대한 보상(위험프리미엄)을 나타낸다. 시장포트폴리오의 위험보상비율은 시장포트폴리오에 투자하는 경우 부담하는 체계적 위험 1단위당 위험프리미엄을 말한다. 개별 자산의 위험보상비율은 개별 자산이 시장포트폴리오에

포함될 때 기여하는 체계적 위험 1단위당 위험프리미엄을 말한다.[20]

시장이 불균형 상황이면 개별 자산의 위험보상비율과 시장포트폴리오의 위험보상비율이 같지 않다. 개별 자산 i의 위험보상비율이 시장포트폴리오의 위험보상비율보다 크다면 개별 자산 i에 대한 초과수요가 발생하고 개별 자산 i의 가격이 상승하여 기대수익률이 하락한다. 개별 자산의 위험보상비율이 시장포트폴리오의 위험보상비율보다 작다면 개별 자산 i에 대한 초과공급이 발생하고 개별 자산 i의 가격이 하락하여 기대수익률이 상승한다.

$$\frac{[E(R_M) - R_f]}{\sigma^2_M} < \frac{[E(R_i) - R_f]}{\sigma_{iM}}$$

$$\frac{[E(R_i) - R_f]}{\sigma_{iM}} < \frac{[E(R_M) - R_f]}{\sigma^2_M}$$

위와 같은 과정을 거쳐 개별 자산 i의 위험보상비율이 시장포트폴리오의 위험보상비율과 같게 되면 시장이 균형에 이른다.

$$\frac{[E(R_i) - R_f]}{\sigma_{iM}} = \frac{[E(R_M) - R_f]}{\sigma^2_M}$$

20 $\frac{[E(R_M) - R_f]}{\sigma^2_M}$

$$\frac{w_i[E(R_i) - R_f]}{w_i\sigma_{im}} = \frac{[E(R_i) - R_f]}{\sigma_{im}}$$

$$\frac{[E(R_i) - R_f]}{\sigma_{iM}} \div \sigma^2_M = \frac{[E(R_M) - R_f]}{\sigma^2_M} \div \sigma^2_M$$

$$\frac{[E(R_i) - R_f]}{\beta_i} = \frac{[E(R_M) - R_f]}{\beta_M}$$

$$E(R_i) = R_f + [E(R_M) - R_f] \times \beta_i$$

증권시장선은 체계적 위험과 기대수익률의 균형 관계식이다. 개별 자산의 기대수익률은 우위험수익률과 위험프리미엄의 합이다. 시장위험프리미엄($RP_M$)은 체계적 위험의 시장가격($[E(R_M) - R_f]$), 즉 시장포트폴리오의 체계적 위험 1단위당 위험프리미엄이다. 개별 자산의 위험프리미엄($RP_i$)은 체계적 위험의 시장가격과 개별 자산의 체계적 위험 측정치($\beta_i$)의 곱이다.

$$RP_M = [E(R_M) - R_f] \times \beta_M$$

$$RP_i = [E(R_M) - R_f] \times \beta_i$$

증권시장선은 균형가격결정모형이다. 증권시장선을 통해 결정된 균형수익률에 의해 균형가격이 결정된다. 균형가격은 개별 자산의 미래 현금흐름을 균형수익률로 할인한 현재가치다.

불균형은 시장의 힘으로 균형으로 회복한다. 개별 자산이 과소평가(undervaluation, 증권시장선 상단에 위치) 상태라면 시장가격이 균형가격보다 작다. 이는 균형기대수익률이 시장기대수익률보다 낮다는 뜻이다. 초과수요 상태이므로 시장가격이 상승하고 기대수익률이 하락하여 균형(기대수익률 = 균형수익률)으로 수렴한다. 개별 자산이 과대평가(overvaluation, 증권시장선 하단에 위치) 상태라면 시장가격이 균형가격보다 크다. 이는 균형기대수익률이 시장기대수익률보다 높다는 뜻이다. 초과공급 상태이므로 시장가격이 하락하고 기대수익률이 상승하여 균형(시장가격 = 균형가격)으로 수렴한다.

기대물가상승률이 변동하면 증권시장선이 평행이동한다. 실질수익률이 일정한 상태에서 기대인플레이션율이 상승하면 명목수익률이 상승하므로 무위험수익률이 상승하므로 기대수익률이 상승한다.

증권시장선의 기울기는 투자자의 위험회피 정도를 나타내므로 위험회피도가 변동하면 증권시장선의 기울기가 변동한다. 위험회피 정도가 심화되면 증권시장선의 기울기가 가팔라진다.

## CAPM 실증 검증 및 비판

체계적 위험($\beta_i$)과 기대수익률($E(R_i)$)의 정(+)의 상관관계 성립 여부를 검증함으로써 자본자산가격결정모형을 실증 검증할 수 있다. 그러나 현실적으로 자본자산가격결정모형의 실증 검증은 불가능하다.

시장포트폴리오의 효율성 검증이 불가능하기 때문이다. 그러므로 시장포트폴리오 대용치의 효율성을 검증함으로써 자본자산가격결정모형을 제한적으로 검증할 수 있을 뿐이다. 시장포트폴리오를 구성할 수 없는 한 자본자산가격결정모형을 검증할 수는 없다. 이를 리차드 롤(Richard Roll, 1939~ )의 비판(Roll's critique)이라고 한다.

다음 장에서는…

포트폴리오이론이라는 험난한 여정을 마쳤다. 다음 장에서는 본격적으로 실감 나는 투자 이야기를 시작한다. 기업과 증권의 재무분석과 가치평가는 투자론의 필수 과목이다. 뛰어넘고 싶다면 그릇된 욕심이다. 기본을 다지고 투자 경험을 쌓으면서 단단히 다져야 한다.

# 5장

# 주식가치와 시장의 효율성

모든 주식 뒤에는 기업이 있다.
기업의 성공과 주식의 성공 간의 괴리가 돈을 벌게 해준다.

피터 린치

정확히 틀린 것보다 대충 맞는 것이 훨씬 낫다.

워런 버핏

자유시장경제(자본주의경제)의 특징은 채권이나 예금이 아니라 주식이다. 주식시장은 이익을 좇는 자금이 모이는 곳이고, 아주 약간이라도 사적 경제가 있는 곳이라면 어떤 형태로든 항상 존재할 것이다. 주식 없이는 자유시장경제란 없고, 자유시장경제 없이는 주식회사의 근거도 없다. 마지막으로 주식시장 없이는 주식회사도 없다(앙드레 코스톨라니, 최병연 옮김, 2018).

오늘날 자본주의 시스템을 움직이는 최고의 동력은 주식회사 제도와 증권시장이라 해도 과언이 아니다, 산업의 기초단위는 주식회사이고, 주식투자는 이들 바퀴가 쉼 없이 움직이게 하는 윤활유 역할을 한다. (…) 기업가가 최전방에서 모험할 때, 그것을 가능케 해주는 것이 바로 주식투자다. 기업의 지분을 사줌으로써 도와주고 응원하는 투자자들이 있기에, 기업은 큰 자금이 들어가는 과감한 도전을 마음껏 해낼 수 있다.

(…)

우리는 매일 기업이 만든 상품이나 서비스를 이용해 먹고 마시고 즐기며 살아간다. 우리 삶을 구성하고 움직이고 지탱하는

 것은 기업이며, 기업만이 지속해서 크게 성장하고 이윤을 창출한다. 게다가 기업은 점점 더 빠른 속도로 변화·성장·쇠퇴한다. 내일의 주인공이 될 새로운 유망 기업이 속속 탄생한다. 그러한 변화의 한복판에서 성장의 기회를 선점하기 위해 나의 자본을 배치해두는 것이 바로 주식투자다. 즉, 내가 가진 돈을 주식회사라는 성장의 버스(bus)에 태우는 것이다(박영옥, 2021).

기업(firm)은 생산활동의 단위조직을 말한다. 보통은 유한책임회사의 형태지만 개인사업자(proprietorship) 또는 조합(partnership)일 수도 있다.

회사 또는 기업(corporation)은 라틴어 '단체(corpus)'에서 유래했고, 조금 더 비공식적 표현인 회사 또는 기업(company)의 어원은 라틴어 '동반자(companion)'다. 회사명 다음의 'Inc.'는 '법인 인가를 받은(incorporated)'의 약자이고, 영국에서 주로 쓰이는 'Ltd.'는 '유한책임(limited)'의 약자다(Lynch and Rothchild, 1997).

기업의 주권(stock certificate)이 주식시장에서 거래되면 상장기업(listed company) 또는 공개기업(public company), 상장 이전의 기업은 개인기업(private company)이라고 한다.

5.1

—

# 기업가치 평가

훌륭한 투자자에게 필요한 통찰력은 기업가치 평가에서도 중요하다. 이 절에서는 통찰력을 갖추기 위한 가장 기본적인 지식을 습득한다.

기업가치를 평가하기 위해서는 어느 정도 통찰력이 필요하다. 통찰력이란 그간 살아온 경험, 지식, 사고방식, 성향과 세상을 바라보는 태도나 관점과 관련이 있다. 통찰력은 경험과 지식이 총체적으로 융합되어 비로소 발현되기 때문이다. 사업가의 관점으로 매일 공부하고 고민하며 행동하다 보면, 어느 순간 파편처럼 흩어져 있던 정보들이 하나로 결합하여 통찰이 생겨난다(박영옥, 2021).

기업의 활동은 영업활동(operational activity), 재무활동(financial activity), 투자활동(investment activity)으로 나눌 수 있다. 영업활동은 현금흐름 창출, 재무활동은 자본조달 및 상환, 투자활동은 자본예산(capital budgeting) 또는 자본운용 활동이다. 재무활동의 결과가 자본구조(capital structure)다.[1]

기업가치(firm value, $V$)는 기업이 보유한 자산을 이용하여 미래 창출할 현금흐름($CF_t$)을 위험이 반영된 적절한 자본비용($k$)으로 할인한 현재가치다.

$$V = \sum_{t=1}^{\infty} \frac{CF_t}{(1+k)^t}$$

기업가치를 극대화하기 위해서는 위 기업가치 평가식에서 분자를 극대화하거나 분모를 극소화해야 한다. 분자(현금흐름, $CF_t$)는 자산의 수익성에 연동하므로 수익성이 높은 자산에 투자함으로써 현금흐름을 극대화해야 한다. 분모(자본비용, $k$)는 현금흐름 변동 위험에 연동하므로 현금흐름 변동성을 줄임으로써 자본비용을 최소화해야 한다.

1 전체 자본에서 타인자본과 자기자본이 점유하고 있는 상태

## 재무분석

기업의 자산은 영업과 관련된 자산과 영업 관련 자산 외 자산(영업 무관 자산)[2]으로 나눌 수 있다. 영업 관련 자산은 순운전자본, 유형자산, 무형자산으로 구성된다. 순운전자본(NWC, Net Working Capital)은 영업활동을 통한 현금흐름 창출을 위하여 보유하는 유동자산과 유동부채의 순액을 말한다.[3] 유동자산은 현금 및 현금성 자산과 영업 관련 유동자산[4], 유동부채는 영업 관련 (이자가 발생하지 않는) 부채[5]를 뜻한다.

기업의 부채는 영업 관련성과 이자 발생 여부에 따라 4가지로 나눌 수 있다. 영업 관련 이자 발생 부채와 영업 무관 이자 발생 부채는 타인자본(debt capital), 영업 관련 이자 없는 부채는 순운전자본으로, 영업 무관 이자 없는 부채는 유사 자기자본(equity capital)으로 분석한다.

기업가치 평가를 위한 (포괄)손익계산서 분석에서는 영업 관련성을 중심으로 수익과 비용 중 이자비용을 제외하고는 영업 현금흐름과 무관한 손익과 비용은 제외한다.

2 적정 수준 이상의 현금, 영업 무관 유동자산(대여금, 미수금 등), 금융자산, 투자부동산, 매각 예정 자산 등

3 순운전자본 = (매출채권 + 재고자산 + 선급비용) - (매입채무 + 미지급비용)

4 매출채권, 재고자산, 선급비용

5 매입채무, 미지급비용

그림 5-1 기업가치 평가를 위한 손익계산서

| | | |
|---|---|---|
| 수익 | R | Revenue |
| - 매출원가와 현금 유출 영업비용 | C | Cost |
| 현금영업이익 | EBITDA[6] | |
| - 감가상각비 | Dep | Depreciation |
| 영업이익 | EBIT[7] | |
| - 이자비용 | I | Interest |
| 세전이익 | EBT | Earnings Before Taxes |
| - 법인세비용 | T | Taxes |
| 당기순이익 | NI | Net Income |

## 잉여현금흐름

기업잉여현금흐름(FCFF, Free Cash Flow to the Firm)은 기업의 자본제공자(주주, 채권자)에게 분배할 수 있는 현금흐름을 뜻한다. 영업활동 창출 현금흐름에서 영업활동 목적의 투자지출 현금흐름을 차감한 값이다.

기업잉여현금흐름의 구성 요소는 다음의 4가지다.

① 영업현금흐름(OCF, Operating Cash Flow)[8]

6 Earnings Before Interest, Taxes, Depreciation and Amortization

7 Earnings Before Interest and Taxes

8 $OCF = EBIT \times (1 - t) + Dep.$ (t: tax rate)

$EBIT \times (1 - t) = EBIT - EBIT \times t = EBIT - t$

$EBIT \times (1 - t) = NOPAT$

$EBIT \times (1 - at) = NOPLAT$ (at: adjusted tax rate)

$OCF = (R - C - Dep.) \times (1 - t) + Dep.$

$OCF = (R - C) \times (1 - t) + (Dep. \times t) = EBITDA \times (1 - t) + (Dep. \times t)$

= 세후영업이익 + 감가상각비

(NOPAT, Net Operating Profit After Tax)

(NOPLAT, Net Operating Profit Less Adjusted Tax)

= 영업이익 × (1 − 법인세율) + 감가상각비

② 순운전자본 증감으로 인한 현금흐름

= 기초 순운전자본 − 기말 순운전자본

③ 비유동자산 증감으로 인한 현금흐름

= 자본적 지출(CapEx, Capital Expenditure)

= 기초 비유동자산 − 기말 비유동자산

④ 이자비용 법인세 감세효과(ITS, Interest Tax Shield)[9]

= 이자비용 × 법인세율

채권자현금흐름(FCFD, Free Cash Flow to Debt-holders)은 타인자본 제공자에게 분배할 수 있는 현금흐름이다. 이자비용과 부채감소분의 합이다. 기업잉여현금흐름 중에서 타인자본 제공자(채권자) 몫이다.

주주현금흐름(FCFE, Free Cash Flow to Equity-holders)은 자기자본 제공자에게 분배할 수 있는 현금흐름이다. 배당금과 자사주매입액의 합에서 유상증자액을 차감한 금액이다. 기업잉여현금흐름 중에서 자기자본 제공자(주주)의 몫이다.

9 ITS를 분자에서 고려하지 않고(FCFF에서 차감하고) 세후타인자본비용을 사용함으로써 기업가치 평가식 분모에서 고려하는 방법이 더 일반적이다.

## 자본비용

기업가치 평가식의 분모를 구성하는 자본비용(cost of capital, *k*)은 자본제공자에게 지급해야 하는 비용을 뜻한다.

타인자본비용(cost of debt capital, $k_d$)은 타인자본 제공자가 요구하는 최소한의 수익률이다. 세후타인자본비용은 이자비용 법인세 감세효과(ITS)를 고려하여 세전타인자본비용과 (1 – 법인세율)의 곱으로 한다.

자기자본비용(cost of equity capital, $k_e$)은 자기자본 제공자가 요구하는 최소한의 수익률이다. 자기자본비용(보통주 자본비용)은 자본자산가격결정모형(CAPM)을 이용하여 구할 수 있다.

$$k_{ei} = R_f + [E(R_M) - R_f] \times \beta_i$$

## 레버리지

기업은 2가지 레버리지(leverage)[10]-영업레버리지(operating leverage), 재무레버리지(financial leverage)-를 사용함으로써 이익 극대화를 추구한다.

영업레버리지(operating leverage)는 고정영업비용(감가상각비, Dep.)이 매출액(수익, R) 변동에 따른 영업이익(EBIT) 변동성을 확

10 지렛대(lever)를 사용하여 효과를 증폭하는 것을 레버리지 효과(leverage effect) 또는 지렛대 효과라고 한다. 재무레버리지를 'gearing'이라고도 한다.

대하는 것을 가리킨다. 재무레버리지(financial leverage)는 고정재무비용(이자비용, I)이 영업이익 변동에 따른 당기순이익(NI) 변동성을 확대하는 것을 가리킨다. 결합레버리지(combined leverage)는 고정비용(고정영업비용 + 고정재무비용)이 매출액 변동에 따른 당기순이익 변동성을 확대하는 것을 가리킨다.

레버리지 분석(leverage analysis)은 고정비용(fixed cost)이 영업이익과 당기순이익의 변동에 미치는 영향을 분석하는 것이다. 고정비용은 매출액 변동과 무관하게 일정하게 발생하는 비용으로 이자비용, 감가상각비 등이 있다.

영업레버리지 효과는 영업레버리지도(DOL, Degree of Operating Leverage)로 측정한다. DOL(≥1)이 클수록 영업레버리지 효과가 크다. 재무레버리지 효과는 재무레버리지도(DFL, Degree of Financial Leverage)로 측정한다. DFL(≥1)이 클수록 영업레버리지 효과가 크다. 결합레버리지 효과는 결합레버리지도(DCL, Degree of Combined Leverage)로 측정한다. DCL(≥1)이 클수록 결합레버리지 효과가 크다.

타인자본을 사용하지 않는 기업의 주주는 영업위험만 부담하고, 타인자본을 사용하는 기업의 주주는 영업위험과 재무위험을 부담한다. 그러므로 타인자본을 사용하는 기업의 자기자본비용이 타인자본을 사용하지 않는 기업의 자기자본비용보다 더 크다.

## 가중평균자본비용

가중평균자본비용(WACC, Weighted Average Cost of Capital, $k_{WACC}$)은 타인자본비용과 자기자본비용의 가중평균이다. 그러므로 타인자본비용과 자기자본비용이 일정하더라도 자본구조에 따라 달라질 수 있다.

세전 타인자본비용으로 가중평균자본비용을 정하면 이자비용 법인세 감세효과(ITS)를 기업잉여현금흐름에 포함한다. 세후 타인자본비용으로 가중평균자본비용을 정하면 기업잉여현금흐름에서 이자비용 법인세 감세효과를 포함하지 않는다.[11] 이 경우 이자비용 법인세 감세효과는 가중평균자본비용에 반영되어 세전 타인자본비용으로 가중평균자본비용을 정하는 경우와 동일한 기업가치가 산출된다.

11 $k_{WACC} = k_d \times (1 - t) \times \frac{D}{D+E} + k_e \times \frac{E}{D+E}$ ($D$: debt, $E$: equity)

5.2

—

# 주식가치

가치의 추정은 시장가격(시장가치)을 예측한다는 의미로, 가치의 평가는 시장가격(시장가치)의 적절성을 판단한다는 의미로 사용되거나 혼용된다. 가치평가를 가치 추정의 뜻을 포함하는 의미로 사용하기도 한다.

"너무 비싸게 매입하고도 나쁜 투자는 아닐 만큼 좋은 자산은 없으며, 충분히 싸게 매입하고도 좋은 투자가 아닐 만큼 나쁜 자산은 없다(Marks, 2013)."[12]는 말을 떠올리면 가치평가의 중요성이 스스로 설명된다.

현대 자본주의경제체제에서 사업추진의 주체인 주식회사는 주식을 발행함으로써 자기자본을 조달한다. "자본주의 최고의

12 역서(김경미, 2012) 인용

동력원은 뭐니 뭐니 해도 주식시장이다. 그 기초는 주식회사이며, 주식투자는 그 윤활유이다(앙드레 코스톨라니, 김재경 옮김, 2021)."[13]

인류가 기업금융의 차주인 (또는 금융투자의 객체인) 회사 또는 법인(legal person)을 '발명'한 것은 비교적 최근의 일이다. 최초의 주식회사는 17세기 초에 설립되었다. 주식회사의 자본인출이 금지되고 주권(株券)의 (또는 주식의) 거래가 시작됨으로써 기업의 자본상환결정권이 확립된 17세기 중반 이후 현대적 의미의 기업금융이 가능하게 되었다. 기업의 자기자본이 영구자본이 됨으로써 기업금융이 시작된 것이다.

세계 최초의 주식회사[14]는 1555년 영국에서 모스코바대공국과의 무역독점권을 얻어 설립된 머스커비회사(Muscovy Company)다. 그러나 오랫동안 사업의 지속성을 유지한 것은 1600년 설립된 영국의 동인도회사(British East India Company)와 1602년 설립된 네덜란드의 동인도회사(Dutch East India Company)[15]였다.

13 우리나라의 현대적 의미의 증권거래소는 1956년 3월 명동에서 개장되었다. 상장주식은 조흥은행, 경성전기, 경성방직, 조선운수 등 12개 종목에 불과했다(박영옥, 2021).

14 당시에는 주식합명회사(joint stock company)라고 했다(Chang, 2014).

15 네덜란드 동인도회사(공식 명칭은 VOC, Vereenigde Nederlandsche Geoctroyeerde Oostindische Compagnie)는 1600년 무렵부터 네덜란드의 주요 항구 6곳에 산재해 있던 동인도회사들을 통합하여 설립되었고(1602년), 주주의 수와 자본금의 규모에서 영국의 동인도회사를 압도했다(Ferguson, 2008). 그래서 최초의 주식회사로 인정되기도 한다(홍춘욱, 2019). 1664년에는 프랑스 동인도회사(French East India Company)가 설립되었다.

주식회사가 설립되자 주식거래를 위한 시장이 생겨났다. 최초의 증권거래소(Berus van Amsterdam. 영어로는 bourse)는 네덜란드 동인도회사의 주권 거래를 위해 1611년 암스테르담에서 탄생했다. 주식회사의 탄생으로 증권거래소가 만들어지고, 주식 매입을 위한 신용은 은행이 공급하게 되었다. 주식회사, 증권거래소, 은행을 축으로 하는 새로운 경제 · 금융체제가 등장한 것이다(Ferguson, 2008).

(…)

자본주의 성장의 핵심 추진체는 주식회사다. 주식회사는 양도 가능한 영구자본(permanent capital)의 받침 위에 다양한 만기의 타인자본 조달을 가능하게 해주는 효과적인 대규모 자본조달 수단으로 누구나 인정하는 조직이 되었다. 주식 발행을 통해 영구자본을 조달하고, 유한책임(limited liability)의 속성으로 도전적 투자를 유도했다(김동옥, 2021).

"경제가 멈추지 않고 움직이는 한 기업은 이익을 낼 수 있고, 기업이 이익을 내는 한 주가는 0원이 되지 않으며, 경제가 회복되면 주가는 회복될 것이다(Lynch and Rothchild, 1997)." "아무리 끔찍한 폭락이라 해도 결국 주가는 회복된다(Lynch and Rothchild, 1994)."

자기자본가치는 기업가치에서 타인자본가치를 차감한 것으로 전체 주식가치가 된다. 전체 주식가치를 발행주식수로 나누

 면 주식 1주당 가치가 된다.

주식투자는 기업의 지분에 투자함으로써 기업의 성과를 공유하는 것이다. 내가 경영자가 되어 여러 회사를 간접 경영해보는 일이기도 하다. 길게 보고 공부하면서 좋은 기업을 쌀 때 사서 기다리면, 자산이 크게 증식되는 순간이 온다. 모두가 공포에 사로잡힐 때야말로 싸게 살 수 있는 절호의 타이밍이다. 탐욕을 잘 다스리면 적정 수익을 거둘 수 있고 그것을 다시 투자하면 차근차근 자산을 불릴 수 있다.

(…)

우리는 매일 기업이 만든 상품이나 서비스를 이용해 먹고 마시고 즐기며 살아간다. 우리 삶을 구성하고 움직이고 지탱하는 것은 기업이며, 기업만이 지속적으로 크게 성장하고 이윤을 창출한다. 게다가 기업은 점점 더 빠른 속도로 변화·성장·쇠퇴한다. 내일의 주인공이 될 새로운 유망 기업이 속속 탄생한다. 그러한 변화의 한복판에서 성장의 기회를 선점하기 위해 나의 자본을 배치해두는 것이 바로 주식투자다. 즉 내가 가진 돈을 주식회사라는 성장의 버스(bus)에 태우는 것이다(박영옥, 2021).

주식 포트폴리오의 투자 성과는 총위험을 기준으로 하는 지표 또는 체계적 위험을 기준으로 하는 지표를 사용하여 평가할 수 있다.

윌리엄 샤프(William Forsyth Sharpe)의 이름을 딴 샤프비율(SR, Sharpe Ratio)은 총위험을 기준으로 평가하는 투자수익대비변동성비율(RVAR, Reward to Variability Ratio)이다. 투자자산 수익률과 무위험수익률 차의 기댓값을 투자자산 수익률 표준편차로 나누어 계산한다. 사후에 실현수익률의 차를 사용하여 성과를 평가한다.[16] 샤프비율이 큰 경우 투자 성과가 우수하다고 평가한다.

잭 트레이너(Jack Lawrence Treynor)의 이름을 딴 트레이너비율(TR, Treynor Ratio)은 체계적 위험을 기준으로 평가하는 투자수익대비체계적위험비율(RVOL, Reward to Volatility Ratio)이다. 투자자산 수익률과 무위험수익률 차의 기댓값을 투자자산의 β로 나누어 계산한다. 사후에 실현수익률의 차를 사용하여 성과를 평가한다.[17] 트레이너비율이 큰 경우 투자 성과가 우수하다고 평가한다.

마이클 젠센(Michael cole Jensen, 1939~ )의 이름을 딴 젠센의 α(Jensen's α)는 위험조정초과수익률(risk adjusted excess return)의 측정치다. 실현수익률에서 체계적 위험이 조정된 기대수익률을 빼서 계산한다.[18] 젠센의 알파가 큰 경우 투자 성과가 우수하다고 평가한다.

16 $SR_i = \frac{E(R_P - R_f)}{\sigma_i} \approx \frac{(\bar{R}_P - \bar{R}_f)}{\sigma_i}$ ($\bar{R}$: realized average rate of return)

17 $TR_i = \frac{E(R_i - R_f)}{\beta_i} \approx \frac{(\bar{R}_P - \bar{R}_f)}{\beta_i}$ ($\bar{R}$: realized average rate of return)

18 Jensen's $\alpha = \bar{R}_P - [\bar{R}_f + \beta_P \times (\bar{R}_M - \bar{R}_f)]$ ($\bar{R}$: realized average rate of return)

샤프비율은 총위험을 기준으로 비효율적 투자자산 평가에, 트레이너비율과 젠센의 알파는 체계적 위험을 기준으로 효율적 투자자산의 평가에 사용한다. 그러므로 단일 포트폴리오 투자자의 성과 평가는 샤프비율이 적절하다.

5.3

—

# 주식가치 평가
# – 내재가치 평가

내재가치(intrinsic value) 평가모형은 현금흐름 할인 모형이다. 주식투자를 통해 확보할 수 있는 현금흐름의 현재가치를 주식가치로 평가한다.

## 현금흐름 평가모형

기업이 창출하는 현금흐름을 할인하여 주식가치를 평가할 수 있다. 기업잉여현금흐름은 기업의 자본제공자에게 분배할 수 있는 현금흐름이므로, 기업잉여현금흐름의 현재가치는 기업가치가 된다. 주주현금흐름의 현재가치는 기업이 발행한 전체 주식의 가치가 된다.

현금흐름 평가모형은 2가지 방법으로 사용할 수 있다.

첫 번째는 기업잉여현금흐름(FCFF)을 가중평균자본비용($k_{WACC}$)으로 할인하는 방법이다. 기업가치($V$)는 자기자본가치와 타인자본가치의 합이다. 기업잉여현금흐름을 할인하여 구한 기업가치에서 타인자본가치를 차감하여 주식가치를 평가한다.

$$\text{주식가치} = V[= \sum_{t=1}^{n} \frac{FCFF}{(1+k_{WACC})^t} + \text{영업무관자산가치}] - \text{타인자본 가치}$$

두 번째는 주주현금흐름(FCFE)을 자기자본비용으로 할인하는 방법이다.

$$\text{주식가치} = \sum_{t=1}^{n} \frac{FCFF_t}{(1+k_e)^t}$$

### 배당 평가모형

기업은 신규 투자(자본적 지출, CapEx)로 성장을 도모한다. 투자재원은, 외부 조달을 제외하고, 당기순이익(NI)에서 배당금(Div., Dividend)을 제외한 유보금(retention)으로 충당한다.

배당 평가모형은 무성장모형(zero growth model)과 성장모형(growth mode)으로 나눌 수 있다. 항상성장모형(constant growth model)은 기업의 영구적 성장을 가정하는 모형이다.

성장하지 않는 기업은 신규 투자를 하지 않으므로 모든 이익을 배당금으로 주주에게 지급한다. 무성장기업의 당기순이익은 배당금과 같고, 주당순이익(EPS, Earnings Per Share)은 주당배당금(DPS, Dividend Per Share)과 같다.

무성장기업의 주식 1주의 가치는 무성장 영구연금의 현재가치 공식(3장 5절)으로 구할 수 있다.

$$P_0 = \frac{DPS}{k_e} = \frac{EPS}{k_e}$$

일정 비율로 영구적으로 성장하는 기업의 주식 1주의 가치는 일정 성장 영구연금의 현재가치 공식(3장 5절)으로 구할 수 있다.

$$P_0 = \frac{EPS_1 \times (1-b)}{k_e - g} = \frac{DPS_1}{k_e - g} \quad (b\text{: 유보비율}, g(\text{성장률}) < k_e)$$

항상 성장기업의 이익성장률은 배당성장률과 같다.[19]

19 $EPS_1$

$$\begin{aligned} EPS_2 &= EPS_1 + \Delta EPS \\ &= EPS_1 + (EPS_1 - DPS_1) \times ROE \\ &= EPS_1 + (EPS_1 \times b) \times ROE \\ &= EPS_1 \times (1 + b \times ROE) \end{aligned}$$

$$\text{이익성장률}(g) = \frac{EPS_2 - EPS_1}{EPS_1} = \frac{EPS_1 + EPS_1 \times b \times ROE - EPS_1}{EPS_1} = b \times ROE$$

$$\text{배당성장률}(g) = \frac{DPS_2 - DPS_1}{DPS_1} = \frac{EPS_2 \times (1-b) - EPS_1 \times (1-b)}{EPS_1 \times (1-b)} = \frac{EPS_2 - EPS_1}{EPS_1} = b \times ROE$$

성장기업의 가치는 무성장기업의 가치보다 크다. 이는 성장 기회의 순현재가치(NPVGO, Net Present Value of Growth Opportunity)가 양수라는 뜻이다. 성장기업의 주식가치는 무성장기업의 주식가치와 NPVGO의 합이다.[20]

성장 기회의 가치는 유보율(b, retention rate) 또는 배당성향(d, dividend payout Ratio)과 재투자수익률 또는 자기자본수익률(ROE, Return On Equity)의 관계로 결정된다.

## 경제적 부가가치 평가모형

경제적 부가가치(EVA, Economic Value Added)는 투하자본(IC, Invested Capital)으로 기회비용을 초과하여 얻은 이익을 말한다. 투하자본이란 영업 관련 자산의 장부가치로, 순운전자본과 비유동자산의 합이다. 경제적 부가가치는 경제적 이익(economic profit) 또는 초과이익(excess earnings)이라고도 한다.

경제적 부가가치는 세후영업이익(NOPAT)에서 금액으로 표현한 총자본비용을 차감한 금액이다. 경제적 부가가치의 핵심 요소는 투하자본수익률(ROIC, Return On Invested Capital)이다. 경제적 부가가치는 영업활동 창출 이익에 집중하여 이익의 질적 측

20 $NPVGO$ = 성장기업주식가치 - 무성장기업주식가치

$$= \frac{EPS_1}{k_e - g} - \frac{EPS_1}{k_e}$$

$$= PV(CF^{성장} - CF^{무성장})$$

면을 고려하므로 우월한 성과지표다.[21]

시장부가가치(MVA, Market Value Added)는 기간별 경제적 부가가치를 가중평균자본비용으로 할인한 현재가치다. 시장부가가치는 유량(flow)인 경제적 부가가치를 저량(stock)으로 전환한 것이다.[22]

기업가치는 영업 관련 자산가치(IC + MVA)와 영업 무관 자산가치의 합이다. 시장부가가치는 기업의 시장가치와 장부가치의 차이다. 최초 투자금액(투하자본) 대비 기업가치(영업 관련 자산가치)의 순증가분이다. 시장부가가치는 부채의 시장가치가 장부금액과 같은 일반적인 경우 자기자본 가치의 순증가분이다. 자기자본의 시장가치와 장부가치의 차이다.

무성장기업의 시장부가가치는 다음과 같다.

$$
\begin{aligned}
MVA &= PV(EVA) \\
&= \frac{EBIT(1-t) - (WACC \times IC)}{WACC} = \frac{EBIT(1-t)}{WACC} - IC
\end{aligned}
$$

주식 1주의 가치는 주당장부가치(BPS, Book value Per Share)와 주당 시장부가가치의 합이다.

21 $EVA = EBIT(1-t) - (IC \times WACC)$
$= \frac{EBIT(1-t)}{IC} \times IC - (IC \times WACC)$
$= (ROIC - WACC) \times IC(ROIC = \frac{EBIT(1-t)}{IC})$

22 $MVA = PV(EVA) = \sum_{t=1}^{\infty} \frac{EVA_t}{(1+WACC)^t}$

5.4

—

# 주식가치 평가
## – 상대가치 평가

상대가치(relative value) 평가모형은 대상기업과 유사한 속성인 비교기업(peers)의 시장 배수(= 시장가격 ÷ 재무지표, market multiple)를 참조해 대상기업의 주식가치를 간접적으로 평가하는 방법이다.

상대가치 평가모형은 내재가치 평가모형 대비 직관적이고 계산이 간단하므로 널리 사용되며, 시장가격을 기준 삼기에 자본시장의 분위기를 적절히 반영한다. 그러나 시장의 분위기가 전달된다는 사실은 시장의 비이성적 과열 또는 공포에 그대로 노출된다는 약점이 되기도 한다. 또한 비교기업 선정 과정에서 부적절함이나 주관적 편향에 오염될 수 있다.

## PER 평가모형



주가이익배수 또는 주가이익비율 또는 주가수익비율(PER, Price-to-Earning Ratio)은 주당순이익의 기대치 대비 현재 주가($P_0$)의 비율로, 기업의 성장 기회와 자기자본비용의 함수다.[23] 기업의 수익 창출 능력에 대한 상대적 주가 수준을 나타내므로 주가이익배수가 낮은 주식은 저평가 가능성을 암시한다. 기업의 이익 단위당 시장이 지급하는 가격의 차이를 나타내므로 이익의 질을 반영하는 지표다.

무성장기업의 주가이익배수는 자기자본비용의 역수, 항상성장기업의 주가이익배수는 배당성향, 성장률, 자기자본비용의 함수다.[24]

주가이익배수의 결정 요인은 성장성, 위험, 배당성향이다. ① 기업의 성장성(g) 또는 성장 기회(NPVGO)가 커지면 ② 기업의 위험(또는 자기자본비용, $k_e$)이 줄어들면 ③ 배당성향(d = 1 - b)이 증가하면 주가이익배수는 상승한다.

23 $PER = f(NPVGO, k_e)$

$$= \frac{P_0}{E(EPS_1)}$$

$$\approx \frac{\frac{EPS_1}{k_e} + NPVGO}{E(EPS_1)} = \frac{1}{k_e} + \frac{NPVGO}{EPS_1}$$

24 무성장기업($NPVGO = 0$) : $PER = \frac{1}{k_e} + \frac{NPVGO}{EPS_1} = \frac{1}{k_e}$

항상성장기업 : $PER = f[(1 - b), g, k_e]$

$$= \frac{P_0}{E(EPS_1)}$$

$$\approx \frac{\frac{DPS_1}{(k_e - g)}}{EPS_1} = \frac{\frac{EPS_1 \times (1 - b)}{(k_e - g)}}{EPS_1} = \frac{(1 - b)}{(k_e - g)}$$

주가이익배수는 현재 주가를 기대 주당순이익으로 나눈 값이므로, 현재 주가는 주가이익배수와 주당순이익의 곱이다. 기대 주당순이익을 추정한 후 적정 주가이익배수를 찾으면 현재 시점의 적정 주가를 구할 수 있다. 적정 주가이익배수는 해당 산업의 평균값을 사용한다.[25]

## PBR 평가모형

주가순자산배수 또는 주가순자산비율 또는 주가장부금액비율(Price-to-Book value Ratio)은 주당 자기자본의 장부금액(BPS, Book value Per Share) 대비 현재 주가의 비율이다.[26]

주당순자산배수는 현재 주가를 주당순자산장부금액으로 나눈 값이므로, 현재 주가는 주가순자산배수와 주당순자산의 곱이다. 주당순자산을 계산한 후 적정 주가순자산배수를 찾으면 현재 시점의 적정 주가를 구할 수 있다. 적정 주가순자산배수는 해당 산업의 평균값을 사용한다.[27]

PER 평가모형은 상기업 및 제조기업에 적합하다. PBR 평

25 해당 기업의 과거 평균 주가이익비율을 계산하거나 배당평가모형 또는 결정 요인(성장성, 위험, 배당성향)을 이용한 회귀분석으로 찾을 수 있다.

26 $PBR = \frac{P_0}{BPS}$

$$PBR = PER \times \frac{EPS_1}{BPS} = PER \times \frac{\text{당기순이익}}{BV(\text{Equity})} = PER \times ROE$$

27 해당 기업의 과거 평균 주가순자산비율을 계산하기도 한다.

가모형은 순이익 변동 위험이 크거나 순자산의 장부금액과 시장 가치의 괴리가 적은 기업에 적합하다. 금융업 등 서비스기업이 이에 해당한다.



## PSR 평가모형

주가매출액배수 또는 주가매출액비율(Price-to-Sales Ratio)은 기대 주당매출액(SPS, Sales Per Share) 대비 현재 주가의 비율이다.[28]

주가매출액배수는 현재 주가를 기대 주당매출액으로 나눈 값이므로, 현재 주가는 주가매출액배수와 주택매출액의 곱이다. 기대 주당매출액을 추정한 후 적정 주가매출액배수를 찾으면 현재 시점의 주가를 구할 수 있다. 적정 주가매출액배수는 해당 산업의 평균값을 사용한다.[29]

PER 평가모형 및 PBR 평가모형과 비교했을 때, PSR 평가모형은 재무지표의 신뢰성이 인정된다. 당기순이익(PER), 장부금액(PBR)과 달리 회계 처리 방법 변경 등으로 인한 매출액 변동 가능성이 작기 때문이다.

28 $PSR = \frac{P_0}{E(SPS)_1}$

29 해당 기업의 과거 평균 주가매출액비율을 계산하기도 한다.

5.5

# 시장의 효율성

완전시장(perfect market)은 운영효율성, 정보효율성 배분효율성을 충족한 시장을 말한다.[30]

거래 마찰 요소가 없어 원활한 거래가 가능한 경우 운영효율성(operational efficiency)을 충족하였다고 한다. 정보가 신속하고 충분하게 가격에 반영되면 정보효율성(informational efficiency)을 충족하였다고 한다. 수요자와 공급자 간에 최적 자원배분이 이루어지는 경우 배분효율성(allocational efficiency)을 충족한 시장이라고 한다.

자본시장의 효율성을 인정하는 주류 경제학의 견해는 포트폴리오 분석을 통한 분산투자를 최적의 투자 전략으로 제안한다.

30 시장 참가자들이 원하는 모든 거래 객체(상품)가 존재하는 시장을 완비시장(complete market, Arrow-Bebreu market)이라고 한다.

## 효율적 시장

**효율적 시장(efficient market)이란 정보효율성이 충족된 시장을 말한다. 자산의 가격이 모든 가용 정보를 반영하는 시장이다. 정보의 신속한 반영은 정보 공개와 가격 변동 간에 시간 지연이 없음을, 정보의 충분한 반영은 정보 가치만큼 가격이 변동된다는 뜻이다.**

20세기 초 프랑스의 수학자 루이 바실리에(Louis Jean-Baptiste Alphonse Bachelier, 1870~1940)와 20세기 중반 영국의 통계학자 모리스 켄달(Maurice George Kendall, 1907~1983)은 주가 변동의 무작위성을 확인했다. 그런데도 바실리에의 주장은 오랜 기간 무시되었고, 켄달의 발견은 한동안 잘못 해석되었다. 무작위적 주가 변동은 처음에는 주식시장에 내재된 비합리성의 결과로 이해되다가 시간이 흐르면서 시장효율성의 증거로 자리 잡게 되었다.

시장이 효율적이라면 최소한 현재 시점에서 공개된 모든 정보가 가격에 반영되고 새로운 정보의 제공만이 주가 변동을 야기한다. 현재 시점에서 새로운 정보란 예상하지 못한 정보이므로 미래의 가격을 예측할 수 없다는 것이 논리적으로 타당하다. 이후 유진 파마(Eugene Fransis Fama)를 중심으로 시장효율성에 대한 수학적 모형 구축을 위한 노력이 진행되었고 시장효율성이 주류 학계의 인정을 받게 되었다(김동욱, 2021).

시장효율성(market efficiency)의 본질은 수요와 공급(supply and demand)이라는 조절 장치로 균형(equilibrium)의 회복과 달성을 보장하는 것이다. 초과공급 상황에서는 가격이 하락하여 수요 증가를, 초과수요 상황에서는 가격이 상승하여 공급 증가를 자극한다. 시장은 부(-)의 피드백(negative feedback) 방식으로 작동한다. 시장효율성은 최적 자원배분과 안정적 균형 달성을 보장한다.

## 효율적시장가설

효율적시장가설(EMH, Efficient Market Hypothesis)은 금융·투자시장의 효율성을 주장한다. 투자자는 부담하는 위험에 상응하는 수익(정상 수익, normal return)을 초과하는 초과수익(excess return) 또는 비정상수익(abnormal return)을 얻을 수 없다. 거래가격이 이미 정보를 충분히 반영하고 있기 때문이다. 효율적시장가설은 통상적 주류 경제학(conventional economics, mainstream economics)의 시각과 같다. 수요공급 원리에 따라 시장이 스스로 균형을 찾아간다.

시장효율성은 약형, 준강형, 강형으로 나눌 수 있다.

약형 효율적 시장(weak form efficient market)은 역사적 정보(historical information, 또는 과거 정보)가 현재 가격에 반영된 시장이다. 과거의 가격 또는 거래량을 이용한 기술적 분석(technical analysis)의 유효성은 부정된다.

그림 5-2 효율적 시장 유형

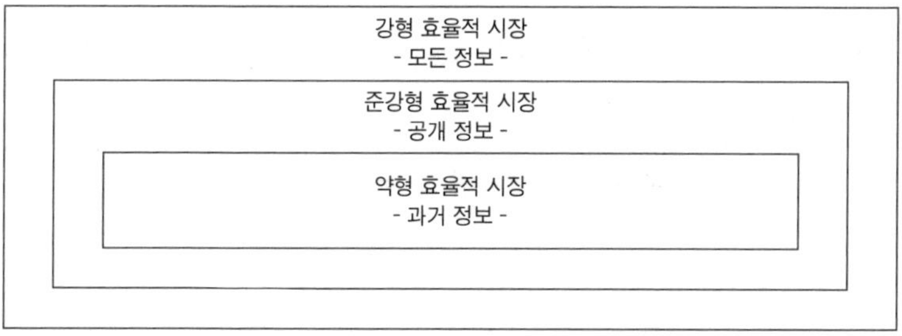


준강형 효율적 시장(semi-strong form efficient market)은 공개 정보(public information)가 현재 가격에 반영된 시장이다. 공개 정보 분석으로 평가한 내재가치와 시장가격의 비교를 통한 근본적 분석(fundament analysis)의 유효성은 부정된다.

강형 효율적 시장(strong form efficient market)은 내부정보(inside information)를 포함한 모든 정보(all available information)가 현재 가격에 반영된 시장이다. 내부자거래(insider trading)도 초과수익을 얻을 수 없다.

강형 효율적 시장은 준강형 효율적 시장을 의미하지만, 약형 효율적 시장이 준강형 효율적 시장을 의미하지는 않는다.[31]

31 효율성의 유형은 정보의 발생, 공개, 취득 시점의 관계에 따라 구분할 수도 있다. 세 시점이 일치하면 강형 효율성을 충족한다. 정보가 발생 시점에서 모두 공개되고 모든 시장 참여자가 해당 정보를 취득하는 경우를 말한다. 정보 공개와 취득 시점이 일치하면 준강형 효율성을 충족한다. 약형 효율성 시장에서는 정보 발생과 공개에 시차가 발생하고 정보 공개 시점에서 일정 시간이 경과한 후 가격에 반영된다(김동옥, 2021).

자본시장의 효율성에 대해서는 다양한 반례(反例)가 존재한다. 시장의 효율성에 어긋나는 이러한 예들을 이례현상(market anomalies)이라고 한다.[32]

주류 학계에서는 자본시장의 준강형 효율성을 인정한다.

다음 장에서는…

시장의 효율성에 대한 논의로 5장을 마무리했다. 6장부터 8장에서는 주류 투자 이론에서 등한시하거나 보충 필요성이 있는 내용을 논한다. 우선 6장에서는 리스크에 대해 깊이 재고해볼 것이다.

32 대표적인 이례현상인 주말효과(weekend effect)는 다른 요일에 비해 금요일의 주가가 높고 월요일의 주가가 낮은 현상을 말한다. 규모효과(size effect)는 소기업효과(small firm effect)라고도 하는데, 소형주의 수익률이 위험조정 이후에도 대형주의 수익률보다 높은 현상을 말한다. 이 외에도 많은 이례현상을 찾을 수 있다.

## 6장

# 리스크

리스크란 어떤 결과가 발생할 것인지,
원치 않는 결과가 나왔을 때 손실 가능성은 얼마나 되는지
불확실한 것을 의미한다.

하워드 막스

예측하려 하지 말고, 다만 최악을 대비하라.

나심 니콜라스 탈레브

강세장에서 얻은 이익을 실력과 착각하지 마라.
Don't confuse brains with a bull market.

주류 투자 이론[1] 은 계산할 수 있는 미래의 불확실성을 리스크(risk, 위험)로 정의하고, 현금흐름의 변동성(미래 상황별 기대 현금흐름의 분산 또는 표준편차)을 계산하여 리스크 측정치로 삼는다. 위험회피 성향을 인간의 본능으로 인정하고 리스크와 수익률의 상반관계를 주장한다.

어떤 자산의 수익률이 +10%, +30%, 0%, +50%로 변동한다고 해보자. 변동성이 매우 크다. 이러한 자산의 취득을 회피할 것인가?

4장에서 살펴본 위험과 수익률의 상반관계부터 좀 더 현실성 있는 시각으로 재고해보자.

1 주류 경제학(mainstream economics)의 투자론을 말한다.

6.1

—

# 리스크와 수익

리스크와 수익(률)의 상반관계를 강력하게 웅변하는 자본배분선(CAL), 자본시장성(CML), 증권시장선(SML)은 직관적인 설명력을 위해 오해를 일으키는 치명적인 결함을 내포한다.

그림 6-1 리스크와 수익(률)의 상반관계(CAL, CML, SML)

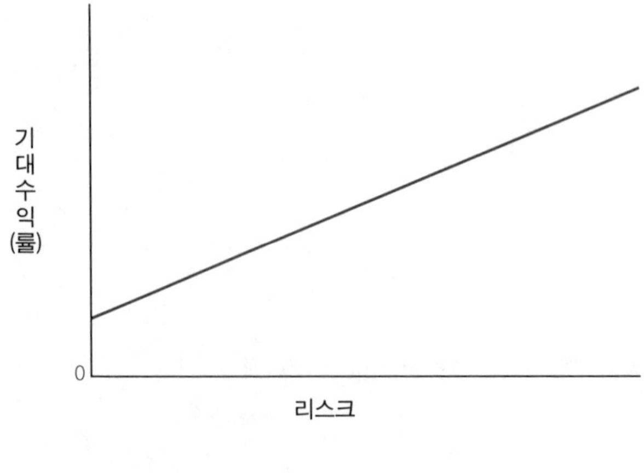

**추가적인 리스크 부담이 높은 수익률을 보장한다는 것은 위험한 오해다.**

하지만 리스크가 높을수록 수익을 많이 보장하는 것은 절대 아니다. 왜냐고? 이유는 간단하다. 위험한 투자일수록 수익도 확실히 크다면, 이는 확실한 투자이지 위험한 투자가 아니기 때문이다.

좀 더 명확히 말하면, 자본을 유치하기 위해 리스크가 큰 투자들은 더 큰 수익을 낼 수 있다는 전망, 약속, 기대감을 제공해야만 한다. 그러나 더 큰 예상 수익이 실제 현실이 될 것인지에 대해서는 뭐라 할 말이 없다(Marks, 2013).[2]

**그림 6-1과 같은 전통적인 그래프는 리스크와 수익의 상반관계는 보여주지만 상반관계의 확실성 정도는 나타내지 못한다. 또한 "리스크가 클수록 수익도 크다는 점을 끊임없이 시사함으로써 수많은 사람에게 불행을 안겨주었다." 하워드 막스(Howard Marks)의 새로운 그래프는 오해 없이 올바르게, 리스크와 수익(률)의 상반관계를 설명한다(Marks, 2013).**

2 역서(김경미, 2012) 인용

그림 6-2 리스크와 수익(률)의 상반관계

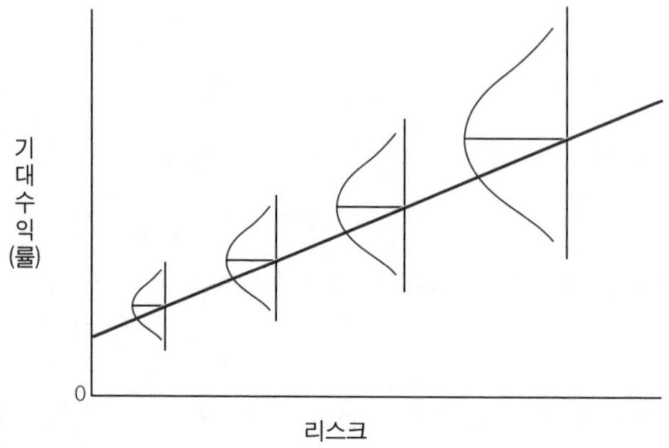


리스크와 기대수익(률)은 양적으로 상반관계다. 하나 더 생각해야 할 중요한 측면이 존재한다. 리스크가 증가하면 수익의 확률분포가 넓어진다. 즉, 수익(률) 실현에 대한 확실성이 감소한다. 이는 리스크와 기대수익(률)의 질적 상호관계다. 추가적인 리스크 부담은 수익 실현의 확실성 감소, 손실 가능성의 증가를 초래한다.

6.2

—

# 리스크의 이해-인식-제어

하워드 막스(Howard Marks)는 투자의 장기적 성공을 위한 리스크 대처를 '이해-인식-제어'의 과정으로 제안한다(Marks, 2013).

### 리스크 이해(understanding risk)

모든 투자자는 손실 가능성을 걱정한다. 변동성을 염려하지는 않는다. 변동성(volatility), 가변성(variability), 편차(deviation)는 투자자를 곤경에 빠뜨리지 않는다. 수익률이 +5%, +50%, 0%, +30%, +75로 변동하는 자산을 꺼릴 수 있나?

자본시장 이론을 발전시킨 학자들에 따르면, 변동성은 투자의 불확실성을 나타내므로 리스크는 변동성과 같다. 나는 이 리스크의 정의에 반론을 제기한다. 학자들이 고의든 아니든 편의상 변동성을 리스크의 대체 개념으로 지정했다는 것이 내 의견이다. 이들에게는 객관적이면서, 과거를 통해 확인이 가능하고, 미래에 대해 추정이 가능한 계산을 하기 위해 숫자가 필요했다. 변동성은 이를 충족시키지만 다른 유형의 리스크는 수치로 나타낼 수 없다. 그러나 이 모든 것의 문제는, 대부분의 투자자들이 가장 신경 쓴 것이 변동성이 아니었다는 것이다.

리스크에는 많은 종류가 있지만 변동성은 그중에서 가장 리스크와 거리가 멀다.

(…)

따라서 리스크는 절대적으로 돈을 잃을 가능성이라고 확신한다(Marks, 2013).[3]

**다른 투자자에게는 전혀 위험하지 않은 요인이지만 어떤 투자자에게는 리스크일 수 있다.**

투자자마다 목표가 다르므로 목표에 미달하는 것(falling short of one's goal)은 중요한 리스크다. 위험회피 투자자인 甲은 1년 후 1,000만 원이 드는 수술을 받지 않으면 사망하게 된다. 甲이 현재 800만 원을 갖고 있다면 25%에 미달하는 수익률 실현은

3 역서(김경미, 2012) 인용

심각한 리스크다. 다른 사람들에게는 위험하지 않은 25%에 미달하는 수익률 실현이 甲에게는 중대한 위험이다. 2년 후 연수익률 50%를 실현할 수 있는 투자안이 있다면 甲은 이를 선택할 수 없다. 2년 후 1,800만 원을 수취할 수 있지만 1년 후 수술비용을 지급할 수 없기 때문이다. 비유동성(il-liquidity)은 투자자별로 다른 크기로 다가오는 위험이다.

'가치투자의 대부'로 불리는 벤저민 그레이엄(Benjamin Graham)은 주류 투자 이론의 위험 정의를 비판하며 훌륭한 관점을 제안했다. 가격 변동성을 위험으로 정의하는 방식은 시장가격 등락을 지나치게 강조하므로 건전한 투자 의사결정에 해롭다(Graham, 2003).

진정한 투자자라면 보유 증권의 시장가격 하락을 손실로 생각할 필요가 없다. 즉, 시장가격 하락 가능성이 있다고 해서 실제로 손실위험이 있는 것은 아니다. 세심하게 구성한 주식 포트폴리오가 장기간에 걸쳐 만족스러운 실적을 기록했다면, 이 포트폴리오는 안정성이 입증된 셈이다. 이 기간에 포트폴리오의 시장 평가액은 오르내릴 수밖에 없으며, 일시적으로는 수익률이 마이너스가 될 수도 있다. 그래서 이 포트폴리오가 위험하다면, 이 포트폴리오는 위험한 동시에 안전하다고 평가할 수밖에 없다. 그러나 위험의 개념을 한정해서 사용하면 이런 혼동을 피할 수 있다. 즉, 매각을 통해서 손실이 실현되었거나, 기업의 경쟁력이 현저하게

약해졌거나, 내재가치보다 훨씬 높은 가격을 지불했을 때로 한정하면 된다.[4]

투자자는 직면하는 다양한 리스크 중에서 '영구손실 가능성(possibility of permanent loss)'을 가장 염려한다. 리스크는 '원하는 대로 되지 않을 가능성(the possibility of things not going the way we want)'으로, 잠재 이익 손실 가능성인 '기회 위험(opportunity risk)'과 '영구적 자본손실 가능성(the likelihood of permanent capital loss)'으로 구성된다(Marks, 2018).

## 리스크 인식(recognizing risk)

투자자는 어느 시점에서 '위험이 너무 크지 않나?' 하는 걱정과 함께 리스크를 인식하게 된다.

주류 투자 이론에서는 리스크와 수익이 일정한 관련이 있다고는 하지만, 가격이 이 둘을 결정짓는다는 사실을 간과한다. 자산의 매수 가격이 높다는 사실은 리스크를 키우고 수익을 잠식한다.

투자자의 리스크 수용도(risk tolerance)가 증가하면 리스크 프리미엄(risk premium, 위험보상)은 감소한다.

4 역서(이건, 2020) 인용

그림 6-3 자본시장선의 변경

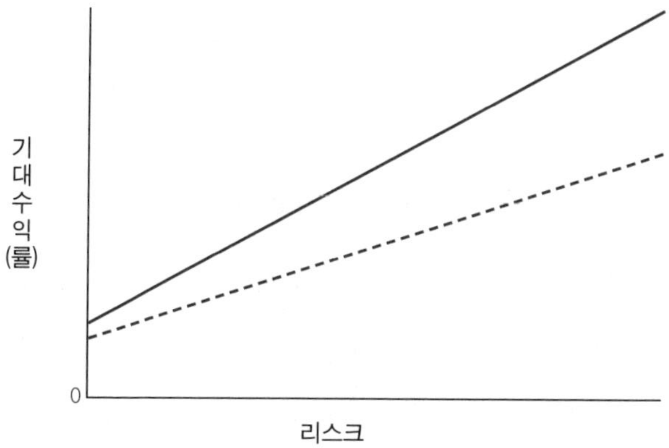


투자자가 요구하는 리스크 프리미엄이 감소하면, 그림 6-3에서 실선의 자본시장선에서 점선의 자본시장선으로 변경되면, 투자 환경이 사치스러워진다. 주식투자에서 주가이익배수(PER)가 증가하고, 채권투자에서 수익률 스프레드(yield spread)가 축소된다. 대출계약에서 레버리지가 증가하고 신용 스프레드(credit spread)가 축소된다. 부동산투자에서 자본환원율(Capitalization rate)이 낮아진다.

평평한(flat) 자본시장선은 리스크 증가를 암시한다. 높은 매수 가격은 리스크를 증가시키고 수익률을 하락시킨다.

투자자의 자신감이 확대되어 시장가격이 상승하면 리스크가 증가한다. 투자자의 주의 – 걱정(worry), 불신(distrust), 회의(skepticism)–와 위험회피는 리스크 프리미엄을 증가시켜 리스크를 줄인다. 투자자는 리스크 프리미엄을 요구함으로써 안전마진을 확보한다. 이것이 '리스크의 심술(perversity of risk)'이다.

## 리스크 제어(controlling risk)

손실은 식별할 수 있으나 손실 가능성으로 정의한 리스크는 눈에 보이지 않는 가능성일 뿐이다. 리스크가 어려운 상황(adversity)과 충돌하면 손실이 발생한다.[5] 리스크 제어는 손실을 피하는 최고의 방법이다.

리스크 제어의 결실은 '발생하지 않은 손실의 형태로(in the form of losses that don't happen)' 드러난다(Marks, 2013). 호황기에는 그 효과가 눈에 띄지 않는다. 불황기에만 그 가치를 평가할 수 있다.

평소 반복되는 사건이 또다시 일어날 가능성처럼 일반적인 사항들은 계산에 넣기 쉽지만, 이례적이고 일생에 한 번 있을까 말까 한 사건들은 계량화하기 힘들다. 즉, 발생확률이 낮은 특히 심각한 리스크(a particularly serious risk that will occur infrequently)-믿기 힘든 불행(improbable disaster)-에 투자가 영향을 받는다는 것은 사실은 리스크가 실제보다 더 안전해 보일 수 있다는 것을 의미한

5 Risk + Adversity(Negative event) = Loss

다(Marks, 2013)[6].



요약하건대, 미래를 예측할 때 많은 리스크가 주관적이고(subjective), 보이지 않으며(hidden), 계량화할 수 없다(unquantifiable)는 것이다(Marks, 2013).

리스크 제어(risk control)는 리스크 회피(risk avoidance)와는 다르다. 리스크 회피는 본능적 성향이며, 리스크 제어는 의식적 행동이다. 리스크 회피는 손실뿐 아니라 이익도 피하게 만든다. 리스크 제어는 이익을 추구하며 손실을 피하는 방법이다.

리스크 제어는 현명한 리스크 수용(risk taking)을 뜻한다. 성공적인 투자는 동일 리스크 수용으로 더 큰 수익을 창출하는 것이 아니라, 같은 수익을 적은 리스크 수용으로 달성하는 것이다.

6 역서(김경미, 2012) 인용

6.3

—

# 인세르토

인세르토(Incerto)는 라틴어로 불확실성을 뜻한다. 나심 니콜라스 탈레브(Nassim Nicholas Taleb, 1960~ )는 불확실성을 주제로 '인세르토 전집' 4권을 출간했다. 2001년 《Fooled by Randomness》로 시작해서, 2007년 《Black Swan》으로 세상을 놀라게 했고, 2012년 《Antifragile》로 실천 방식을 제시했으며, 2018년 《Skin in the Game》으로 마무리했다.[7]

'인세르토 전집'은 불확실성(uncertainty), 무작위성(randomness), 무질서(disorder), 확률(probability)에 대하여, 그리고 불투명성(opacity)을 특징으로 하는 상황-인간이 이해하지 못하고

7 '인세르토 전집'은 2011년 《블랙스완과 함께 가라》라는 제목으로 번역, 출간된 2010년작 《The Bed of Procrustes: Philosophical and Practical Aphorisms》을 포함하여 총 5권인데, 잠언집인 이 책을 전집에서 제외하기도 한다.

보지 못하는 요소와 특징을 지닌 세상-에서의 의사결정에 초점을 맞춘다.

《Fooled by Randomness》

2016년에 발행된 이 책의 번역서 제목은 '행운에 속지 마라', 부제는 '불확실한 시대에서 살아남는 투자 생존법'이다. 투자 도서로 홍보하려는 의도가 다분하다. 불확실성을 다루므로 투자자에게 필요하지만, 이 책은 사실 철학 에세이다. 이보다 앞서 2002년 발행된 번역서의 제목은 '능력과 운의 절묘한 조합'이다. 뒤에 나온 번역서의 제목보다 처음 제목이 더 나은지도 모르겠다. '회의주의(skepticism)'와 '허무주의(nihilism)'를 혼동할 수 있기 때문이다. '만사가 운에 달렸다'가 아니라 '생각보다 운의 영향이 크다'라는 메시지다. '성공한 사람 대부분은 운 좋은 바보들이다'라는 주장을 '성공한 사람 모두는 운 좋은 바보들이다'로 오해하면 안 된다.

무작위성에 속지 마라! 실력과 운을 착각하지 마라!

《Black Swan》

전집 제1권으로 무작위성의 영향력을 강조한 후, 예측할 수 없는 극단적 충격을 뜻하는 '블랙스완'을 소개했다. 탈레브는 '월

 가의 현자'로 등극했다.

우리가 사는 세상은 두 종류의 세계로 이루어져 있다. 평범의 왕국(mediocristan)은 일상적이고 작은 사건이 지배한다. 과거의 경험에 의존한 판단이 곧 법칙을 구성한다. 극단의 왕국(extremistan)에서는 희귀한 사건이 느닷없이 발생해서 전체를 바꿔버린다. 개별 사건의 종합만으로 전체를 설명할 수 없는 복잡계로 정규분포에 입각한 통계학적 예측이 통하지 않는다. 알고 있는 지식에 의존하지 말고, 모르는 지식의 중요성을 항상 염두에 두어야 한다.

투자의 세계는 극단의 왕국이다!

### 《Antifragile》

블랙스완은 예측할 수 없는 사건이다. 예측할 수 없으므로 대비해야 한다. 안티프래질은 블랙스완을 대비하기 위한 도구로서 우리가 이해할 수 없는 세상을 살아갈 수 있게 해준다.

안티프래질(antifragile)은 '깨지기 쉬운(fragile)'이라는 단어를 이용한 탈레브의 신조어다. 무작위적인 사건과 변화, 충격, 스트레스로부터 손실이 아닌 이익을 얻는 특성이다. 세상에는 충격으로부터 혜택을 보는 존재가 있다. 가변성(volatility), 무작위성(randomness), 무질서(disorder), 스트레스(stress)에 노출될 때 번창하고 성장한다. 강건성(robustness), 회복력(resilience) 이상의 의미다. 충격을 가하면 더 좋아진다.

실천적 노력으로 안티프래질을 확보하라!

《Skin in the Game》

안티프래질을 확보하기 위한 해답은 행동하는 자가 책임지게 하는 것이다. 안티프래질은 비대칭적 보상(과잉 보상)으로 블랙스완 효과를 상쇄한다. 이러한 보상이 왜곡되지 않고 사회 전체에 부여되게 하려면 '행동과 책임의 균형(skin in the game)'이 필요하다. 책임을 진다면, 말하는 사람은 행동하고 행동하는 사람만이 말할 것이다.

용기 있게 위험을 무릅쓰며 현실에 뛰어들어 경험과 실수로부터 배운다. 생존을 보장하는 행동만이 합리적이다. 파멸의 전략을 회피하는 것이 윤리적이다. 시간이 합리성을 검증한다. 시간이 검증한 지식만이 진정한 지식이다.

파테마타 마테마타(pathemata mathemata)!

아픔을 통해 배운다!

6.4

---

# 무작위성과 블랙스완

대체 역사, 생존 편향, 귀납법, 비선형

우리가 살아가는 세상과 사람들이 실제라고 생각하는 세상은 같지 않다. 사람들은 결정론적(deterministic) 세상을 실제라고 착각한다. 일어난 사건들을 필연으로 여기기 때문이다. 이를 심리학에서는 사후확신 편향(hindsight bias)이라고 한다.

따라서 미래는 일어나도록 정해진, 예측할 수 있는 하나의 고정된 결과가 아니라 다양한 가능성과 (바라건대 각각의 가능성에 대한 통찰력에 근거한) 확률분포로 봐야 한다. 확률분포는 경향에 대한 투자자의 관점 또는 해석을 반영한다.

(…) 확률분포를 잘 만들면 확률은 적절한 행동 방침을 정하는 데 도움이 된다. 하지만 확률을 알고 있다고 해서 무슨 일이

일어날지 아는 것은 아니라는 점을 명심해야 한다.

특정 문제에 관한 결과는 장기적으로 확률분포를 따를 수 있겠지만, 단일 사건의 결과에는 큰 불확실성이 존재한다. 결과가 선택되는 과정은 가치뿐만 아니라 무작위성의 영향도 받기 때문에 분포에 포함된 모든 결과는 다양한 확률로 발생할 수 있다. (…) 우리는 '평균적으로(on average)' 어떤 결과를 기대해야 하는지 알지만, 그것은 실제로 일어날 일과 아무 관련이 없다(Marks, 2018).[8]

결과만으로 평가하면 안 된다. 역사가 다른 방향으로 진행되었을 경우의 대체비용도 고려해야 한다. 발생했을 수도 있지만 발생하지 않은 대체 역사(alternative history)를 이해하지 못하면 확률의 질적 요소를 이해할 수 없다. 불확실성은 다양한 대체 역사 중 가장 적게 발생한 사건을 말한다. 투자자가 타인에게 일어나는 일이 자신에게는 일어나지 않으리라 생각하는 '역사의 교훈 무시(denigration of history)'를 범하면 실패한다.

패배자는 사라지므로 성공하는 사건만이 눈에 띈다. 이것이 생존 편향(survivorship bias)이다. 추가 정보가 없다면 판단을 유보하는 것이 안전하다. 수많은 대체 역사 중 실현된 하나를 보고 이것을 가장 대표적이라고 착각하면 안 된다.

8 역서(이주영, 2018) 인용

확률과정(stochastic process)은 시간의 흐름에 따라 펼쳐지는 사건들의 역학이고, 확률은 무작위(random)를 화려하게 표현한 것이다. 확률은 수학적 원리라기보다는 실용적 회의론이다. 확률은 승산(odds)을 계산하는 문제가 아니라, 우리의 지식이 불확실함을 인정하고 무지를 다루는 방법을 개발하는 문제이기 때문이다. 과거가 달리 진행되었다면, 세상이 달라졌을 수도 있다는 점이 확률적 사고의 핵심이다. 확률은 대체 결과(alternative outcome), 원인(cause), 동기(motive)가 존재한다고 믿는 것이다. 확률은 회의론(skepticism)의 산물이다. 자연과학에서의 양적 확률과 달리 사회과학에서는 질적 확률이 필요하다.

확률은 도박을 연구하는 과정에서 나온 것이 아니라 데이비드 흄(David Hume, 1711~1776)의 귀납 문제(Problem of induction) 또는 아리스토텔레스(Aristoteles, BC.384~322)의 보편성에 대한 추론에서 유래했다. 귀납법은 수많은 개별 사항으로부터 일반론을 도출하여 기억하기 쉽게 만든다. 그러나 필연적으로 우연을 감지하는 능력을 감소시킨다.

모래 더미 효과(sandpile effect)는 비선형성(nonlinearity)을 보여준다. 모래성을 쌓다가 무너지면 마지막 모래 한 줌이 모래성을 무너뜨린 것처럼 보인다. 모래성에 가해진 힘은 선형적이지만, 모래성은 비선형적 효과 때문에 무너진다. '낙타의 등을 부러뜨린 지푸라기 하나', '잔을 넘치게 만든 물 한 방울'이라는 표현으로 비선형성을 깨달을 수 있다.

## 무작위성 다루기



무작위적 결과의 비선형성이 교착상태를 깨기도 한다. 철학자 장 뷔리당(Jean Buridan, 1295~1363)의 이름을 딴 뷔리당의 당나귀(Buridan's Donkey)라는 이야기를 보자. 갈증과 허기를 느끼는 당나귀의 좌우 양쪽 같은 거리에 물과 당근을 두면 당나귀는 선택하지 못하고 갈증과 허기로 죽는다. 둘 중 하나의 거리가 더 가까우면 먼저 갈증 또는 허기를 해결하고 교착상태(stalemate)를 해소한다.

시장은 운이 함정으로 작용하는 곳이다. 생각보다 무작위성의 힘이 크게 작용한다는 점을 잊지 마라. 물론 운은 준비된 사람에게 유리하게 작용한다. 끈기와 인내 같은 전통적 가치들은 성공을 위해 필요하지만, 반드시 성공을 보장하지는 않는다. 성공의 필요조건(necessary condition)과 충분조건(sufficient condition)을 혼동해서는 안 된다.

진정한 용기는 신념을 위해 위험을 무릅쓰는 고상한 행동이지, 무작위성의 비중을 과소평가하는 무모한 행동이 아니다. 훌륭한 지혜, 진정한 용기, 올바른 행동으로 품위(dignity)를 지켜라.

## 경험론적 회의주의

역사는 불투명하다. 우리 눈앞에는 역사의 결과물만 나타날 뿐이기 때문이다. 인간은 역사를 대할 때 삼중의 불투명성(triplet of opacity)을 맞닥뜨린다. 첫째, 이해의 망상(illusion of understanding). 세상의 이치를 잘 안다고 착각한다. 둘째, 사후 왜곡(retrospective distortion). 희귀한 사건을, 소급적인 개연성(retrospective plausibility)의 작용으로, 흔한 사건으로 이해한다. 셋째, 학습의 저주(curse of learning). 사실 및 정보에 대하여 과대평가한다.

사회적 현상은 대부분 극단의 왕국에 속한다. 자가 증식성(scalability), 극심한 무작위성(wild randomness, fractal randomness), 승자독식(winner takes all)을 특징으로 하며, 블랙스완에 취약하고 돌발 사건이 지배하는 세상이다.

관찰 또는 경험을 통해 얻은 모든 지식에는 함정이 숨어 있다. 인간이 블랙스완을 이해하지 못하는 유일무이한 이유는 과거의 관찰을 미래의 표상으로 오해하기 때문이다.

별다른 사건을 관찰하지 못했다면 "블랙스완 출현 가능성이 있다는 증거가 없다"라고 말해야지 "블랙스완 출현 가능성이 없다는 증거가 있다"라고 해서는 안 된다. 이런 확인 편향(confirmation bias)은 상호 대체될 수 없으므로, '왕복 여행의 오류(the round-trip fallacy)'라고도 한다.

회의적 경험주의(skeptical empiricism) 또는 경험론적 회의주의(empirical skepticism)는 미지의 지식을 중시하는 태도다.

## 불가능한 예견

세계의 복잡성이 증가할수록 예측 능력이 주는 이점이 줄어든다. 즉, 예측되지 못한 것들의 영향이 증가한다. 블랙스완의 역할이 커질수록 예견능력은 사라져간다. 지식의 한계에 대한 교만을 뜻하는 인식론적 오만(epistemic arrogance)은 지식을 과대평가하고 불확실성을 과소평가한다. 희귀성(rarity)의 심화는 오류를 키운다. 낮은 확률은 인식론적 오만을 강화한다.

인식론적 겸손(epistemic humility)을 갖춘 인식의 귀족(epistemocrat)이 대표하는 인식의 왕국(epistemocracy)을 건설하자. 일반화 없이 사실을 축적하고 인과적 주장의 결과를 고려하는 이필로지즘(epilogism. 이론에 얽매이지 않고 역사를 바라보는 방법)은 경험주의적 회의론자의 과거에 대한 담백한 접근법이다. 유리한 증거만 축적하는 나약한 경험주의(naive empiricism)에서 탈피하라.

불확실성에 대한 중심적 개념은 비대칭성(asymmetry)이다. 알 수 없는 확률을 계산하기보다는 알아낼 수 있는 결과에 집중한다. 미지의 사건(the unknown)이라고 깨닫기 전까지는 미지의 사건을 알 수 없다. 그러나 미지의 사건이 어떤 영향을 미칠지는 짐작할 수 있으므로 이것을 참작해야 한다.

예측하려 하지 말고, 다만 최악의 경우를 대비하라.

순수하고 정교한 형식에만 초점을 맞추는 태도를 뜻하는 플라톤주의(Platonicity)는 설명하기 어려운 것들을 도외시해버린다. 관념 속의 세계를 현실로 착각하면 플라톤주의 오류에 빠진다. 플라톤주의 오류가 복잡한 현실과 만나는 폭발성 있는 경계 지대인 플라톤주의 주름 지대(Platonic fold)-기지(旣知, known)와 미지(未知, unknown) 사이의 간격이 넓어서 위험한 지점-에서 블랙스완이 잉태된다.

발생하지 않을 확률이 높으면 검은 백조가 될 수 있다. 무작위성에 대한 인간의 맹목성(blindness with respect to randomness), 공격적 무지(aggressive ignorance) 덕분에 블랙스완 효과가 손쉽게 발동한다. 블랙스완의 3가지 속성은 예견 불가능성(unpredictability)[9], 극심한 충격(extreme impact), 사후 합리화(retrospective explain-ability)다. 낮은 예견 가능성과 큰 충격은 블랙스완 효과를 거대한 수수께끼로 보이게 한다.

극단의 왕국이 반드시 검은 백조를 뜻하지는 않는다. 극단적 충격을 초래하지만 대비하고 있는 사람들은 예측할 수 있는 사건들인 유사 블랙스완(near black swan)도 존재한다. 희귀한 사건은 일단 발생하면 그 특성을 우리에게 다 내보인다. 그러므로 희귀한 사건의 발생확률을 계산할 수는 없어도 발생확률에 대한 일반적

9 희귀성(rarity) 또는 극단값(outlier)

인 개념은 형성해낼 수 있다. 이때 우리는 검은 백조를 회색 백조로 만들 수 있다.

6.5

# 안티프래질을 위한 스킨인더게임

## 안티프래질

안티프래질은 시간을 좋아하고, 비선형성과 깊은 관련이 있다. 시간은 기능상 가변성과 비슷하다. 시간이 많을수록 더 많은 사건이 일어나고 무질서가 더 심해진다. 무작위적인 사건이나 충격에서 손실보다 이익이 더 크면 안티프래질하다. 안티프래질은 모험(adventure)과 위험(risk), 무작위성(randomness)과 불확실성(uncertainty)을 좋아한다. 일정 수준의 오차를 좋아한다는 뜻이다. 그러므로 미지를 다룰 수 있도록 해주고 무엇인가를 이해하지 않고도 잘 실행할 수 있도록 해준다. 생각이 아니라 실행을 통해서 더 잘할 수 있다.

우리는 예측을 요구하지 않는 의사결정에 도움이 되는 체계적이고 광범위한 지침서를 만들 수 있다. 가변성 때문에 발생하는 피해의 민감도를 다루는 것은 피해를 일으키는 사건을 예측하는 것보다 쉽다. 예측 가능성에 대한 환상(illusion of predictability) 때문에 블랙스완을 깨닫지 못한다. 역사를 매끄러운 선형으로 인식하면 무작위성을 과소평가한다. 무작위성에 대한 두려움과 질서에 대한 갈망 때문에 보이지 않는 사물의 논리는 차단된다.

안티프래질은 살아 있는 유기체(living organic)-자연계(natural system) 또는 복잡계(complex system)-와 물리적 객체(physical object) 간의 경계를 정해준다. 물리적 객체는 안티프래질할 수 없다.

복잡계는 상호의존성(inter-dependency)과 비선형 반응(nonlinear response)으로 가득하다. 인과관계(causal association)에 관한 단순한 연상이 오류로 나타난다. 인위적인 복잡계에서는 예측 가능성이 떨어지거나, 심지어 통제하기 힘든 연쇄 반응의 고리가 폭포수처럼 이어질 가능성을 품고 있다. 그러다 결국 대형 사건이 터진다. 인위적인 것들이 늘어나고 세상이 복잡해지면서 강건성을 잃고 블랙스완의 역할이 커진다.

안티프래질은 블랙스완을 대비하는 해독제로, 블랙스완에 대한 지적 두려움을 덜어준다.

완벽하게 강건하기란 불가능하므로 무작위적인 사건, 예상하지 못한 충격, 스트레스, 가변성으로부터 고통받지 않고 오히려 이들을 활용해 시스템이 스스로 끊임없이 재생하는 메커니즘이 필요하다. 새로운 기술은 특이한 취향을 가진 사람들이 무대 뒤편에서 집적거림(tinkering)과 시행착오의 방식으로 위험을 수용하면서 개척해낸 안티프래질의 결과다.

안티프래질한 대상은 예측 오차로부터 장기적인 혜택을 얻는다. 무작위성으로부터 이익을 얻는 사람들이 세상을 지배하고, 무작위성으로부터 피해를 보는 사람들은 사라진다.

복잡계는 단순성을 좋아한다. 불투명성 덕분에 개입은 예상하지 못한 결과를 낳고, 이런 결과에 대한 변명과 함께 이차적인 효과를 수정하기 위한 또 다른 개입을 낳는다.

리스크는 측정이 곤란하다. 드물게 일어나는 사건의 경우 더욱 그러하다. 취약성(fragility)은 추정하고 측정할 수 있다. 대리 문제(agency problem)를 최소화하고, 어설픈 합리주의(naive rationalism)[10]에서 벗어나야 한다. 어설픈 개입(naive intervention)을 제거하여 투명성을 제고한다.

비아 네가티바(via negativa)는 피해야 할 것, 하지 말아야 할

10 소비에트-하버드 환상(Soviet-Harvard illusion)이라고도 하며, 세상의 이치가 학계에서 생성 또는 규명되고 인간이 이해하지 못하는 것은 없다는 믿음(또는 오류)을 가리킨다. '새에게 나는 법을 가르친다'로 표현할 수 있다.

것에 초점을 맞추는 처방이다. 시스템 학습(system learning)은 비아네가티바 방식으로 취약성을 제거한다. 시스템 학습을 거쳐-시간의 흐름에 따른 파멸에 저항해서-소멸하지 않는 '생존(survival)'에서 합리성을 찾아야 한다.



## 스킨인더게임

안티프래질을 확보하는 방법은 행동과 책임의 균형(skin in the game)을 유지하는 것이다. 책임감에서 비롯된 집중력에 안티프래질이 내재한다.

프래질한 세상에 숨어 있는 4가지 문제는 다음과 같다. 행동과 책임 사이에 숨겨진 불균형과 그에 따른 결과들이다.

1. 지식(knowledge)의 불확실성과 신뢰성의 문제
2. 정의, 책임, 공정성, 상호성 등에 있어서 간과되기 쉬운 균형(symmetry)의 문제
3. 거래에서의 정보공유(information sharing in transaction)의 어려움
4. 어설픈 합리성(naive rationality)

안티프래질은 위험과 보상의 비대칭성(asymmetry)에 따른 과잉 보상(overcompensation)을 의미한다. 그러나 위험과 보상의 귀

속 주체가 다르다면, 이익은 사유화되고 손실은 사회화된다면 상호성(reciprocity)이 깨진다. 보상을 원하면 책임을 받아들여야 한다. 제안에 따르는 도덕적 책임을 느껴야 한다.

선택과 결정의 균형(skin in the game)은 명예, 정의, 희생 등 인간 존재론적(existential for humans) 문제이기도 하다.

사회정의를 원한다면 리스크와 이익의 균형, 리스크의 공정한 배분에 주목해야 한다. '믿음의 약속(doxastic commitment)'을 지키고 자신의 모두를 바치는(soul in the game) 헌신하는 자를 존경해야 한다. 위험을 감수하고 사업하며 번 돈을 타인을 위해 쓰며, 인류, 생태계를 위해 자신을 희생하는 것이 진정한 용기를 드러내는 것이다.

복잡한 해법을 경계하고 행동에 책임져라!

다음 장에서는…

'Black Swan', 'Antifragile', 'Skin in the Game'이 무엇인지 이해했는가? 리스크에 대한 당신의 철학은 한층 풍족해졌다. 이어지는 7장에서는 미래의 경향성을 탐지하는 방법을 논한다. 사이클에 귀 기울여보자.

7장

# 사이클

사이클을 들어라
(Listen to the cycle).

**하워드 막스**

역사는 반복되지 않지만, 각운을 맞춘다.

**마크 트웨인**

처음에는 혁신가, 다음은 모방자, 마지막은 멍청이다.

**워런 버핏**

현자가 시작한 일을 마지막에 바보가 뛰어들어 마무리한다.
What the wise man does in the beginning,
the fool does in the end.

이 세상에 주기(cycle)가 존재하는 근본적인 이유는 인간과 관계있다. 물리적인 것들은 한 방향으로만 움직일 수 있다. 가령 시간은 계속해서 흐르며, 기계도 동력이 충분히 공급되는 한 마찬가지다. 그러나 역사나 경제 같은 분야의 프로세스는 인간을 포함하며, 인간을 포함할 때 결과는 다양해지고 주기적으로 변한다. 그 이유는 대개 인간이 감정적이고, 일관되지 못하며, 꾸준하지 않고, 단순하지도 않기 때문이다.

물론 양적인 관계, 전 세계에서 일어나는 사건들, 환경 변화, 기술 발전, 기업 의사결정 등과 같은 객관적인 요소들이 주기에서 커다란 역할을 하는 것은 분명하다. 그러나 투자자들이 과민반응을 하거나 미온적인 반응을 보임으로써 주기의 변동 폭이 결정된다면, 이런 요소들에 인간 심리가 추가되어야 한다(Marks, 2013).[1]

1 역서(김경미, 2012) 인용

## 7.1

# 사이클이란?

미래를 예측할 수는 없지만 경향(tendency)에 대해 논의할 수는 있다. 일어날 수 있는 일, 일어나야 하는 일, 그리고 일어날 가능성을 이야기한다. 뛰어난 투자자는 '미래의 경향(future tendency)'에 대해 다른 사람들보다 많이 알고 있는 '지식 우위(a knowledge advantage)'를 가져야 한다. '경향에 대한 통찰력(insight into tendency)'을 가진 자가 뛰어난 투자자다(Marks, 2018).

인간은 효율적 의사결정을 위해 반복되는 패턴을 인식하고 이해하는 능력을 이용한다. 중요한 사실은 이러한 능력을 발휘하면 모든 결정을 무(無)에서부터 시작하는 비효율을 피할 수 있다는 점이다.

경제, 기업, 시장 역시 패턴에 따라 움직인다. 이런 패턴 중

일부를 흔히 사이클이라고 말한다. 사이클은 자연 발생적 현상들 때문에 생기기도 하지만, 더 중요하게는 인간의 심리 변화와 그에 따른 인간의 행동에서 비롯된다. (…) 때문에 이것은 투자자들에게 지대한 영향을 미칠 수 있다. 하지만 사이클에 주의를 기울인다면, 미리 빠져나올 수 있다. 과거의 사이클을 공부하고, 사이클의 기원과 의미를 이해하며, 다음 사이클에 대해 경계를 게을리하지 않는다면 투자 환경을 매번 새로 이해하기 위해 쓸데없이 시간을 낭비하지 않아도 된다. 예상치 못한 사건으로 충격받을 가능성도 작아진다. 우리는 반복되는 패턴을 완전히 이해함으로써 더 나은 투자를 할 수 있다(Marks, 2018).[2]

사이클(cycle, 주기)은 중심선(또는 중간선)을 기준으로 진동한다. 우상향 중심선은 장기 추세(secular trend)를 나타내며 기준(norm), 평균(mean), 보통(average), 중도(happy medium)이며, 옳고 적절한(right and proper) 느낌을 준다.

2 역서(이주영, 2018) 인용

표 7-1 사이클

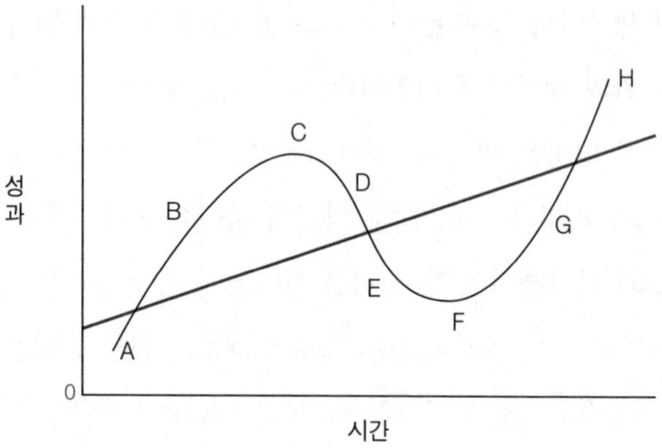


A. 저점에서 중간선으로(과도 침체 최저점)

B. 중간선을 지나 고점으로

C. 고점 도달

D. 고점에서 중간선으로 하향 조정

E. 중간선을 지나 새로운 저점으로 지속적 하향 이동

F. 저점 도달

G. 다시, 저점에서 중간선으로

H. 다시, 중간선을 지나 새로운 고점으로

사이클 변동은 중심선을 벗어났다가, '평균을 향한 회귀(regression toward the mean)'로, 중심선으로 돌아간다. 그러나 중도에 오래 머무르지는 않는다. 다시 반대쪽 극단을 향해 진행한다.

극단을 향한 움직임은 에너지가 부족해져 더 진행될 수 없을 때 최고점에 도달한다. 움직임이 멈추면 중력의 힘(또는 평균으로의 회귀의 힘)이 중심(중도, midpoint)으로 당긴다. 중도로의 움직임은 중심을 지나 반대편 극단으로 진행하는 추진력을 만들어낸다.

## 사이클의 성격

사이클에서 일어나는 개별 사건 이후 다음 사건이 뒤따라오는 것이 아니라, 각각의 사건이 다음 사건을 일으킨다. 사이클은 '원인이 되는 사건의 연속(progressions of causative events)'이다. 이것이 사이클의 가장 중요한 성격이다. 한 사이클은 다른 사이클에 영향을 미치고 이러한 영향은 방향을 바꾸어 작용하기도 한다.

상호 영향을 미치는 사이클의 특성을 그려보자. 경제 사이클은 이익 사이클에 영향을 미친다, 이익 사이클에 따라 결정되는 기업의 성과 발표는 투자자들의 심리에 영향을 미치고, 투자자들의 태도는 다른 사이클에도 영향을 미친다.

사이클 변동에 인간 심리가 기여하는 바가 크므로, 사이클은 무작위성(randomness), 불규칙성(inconsistency), 저신뢰성(undependability)을 특징으로 한다.

사이클의 나머지 성격 또는 본질은 다음과 같다.

- 사이클은 불가피하다. 한 방향의 극단을 향하는 무한 이동은 불가능하다.
- 사람들(투자자들)은 과거를 기억하지 못하므로 사이클의 영향력을 극대화한다.
- 사이클은 외부 사건에 의해서만 전환되지 않는다. 자기-교정적(self-correcting)이다. 추세(trends)는 스스로 반전(reversal)을 만들어낸다.
- 사이클은 실제보다 덜 대칭적으로 보인다. 부정적인 가격 변동은 변동성으로, 긍정적인 가격 변동은 이익이라고 부른다.

## 사이클과 확률분포

모든 현상에는 사이클이 존재한다. 사이클을 이해하면 유리한 위치에 설 수 있다. 사이클은 미래 사건에 대한 확률분포의 위치를 바꾼다.

사이클의 중도에서 중립적 포지션(position, 투자자산의 현재 상태)의 수익률 전망은 그림 7-2에서 굵은 실선으로 표현된 정규분포를 보인다. 사이클이 중도를 지나 고점으로 이동하는 중에는 확률분포가 오른쪽으로 이동하여(그림 7-2에서 우측의 정규분포), 손실 확률은 줄고 이익 확률은 증가한다. 사이클이 중도를 지나 저

그림 7-2 사이클과 확률분포

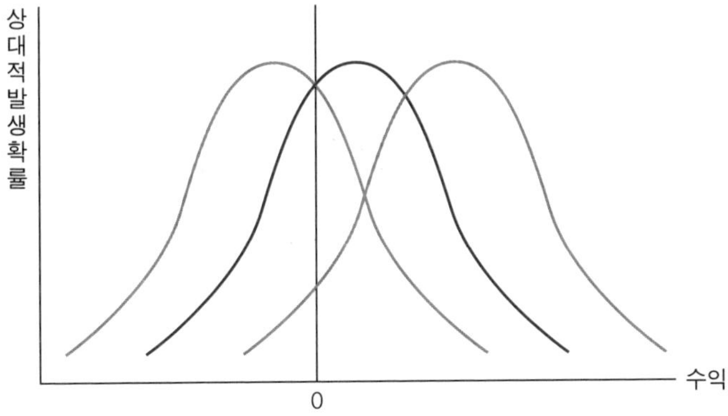


점으로 이동하는 중에는 확률분포가 왼쪽으로 이동하여(그림 7-2 에서 좌측의 정규분포), 이익 확률은 줄고 손실 확률은 증가한다.

7.2

—

# 코스톨라니의 달걀

사이클에 대한 고전적인 설명 틀은 앙드레 코스톨라니(André Kostolany)가 제시했다. 상승 운동과 하강 운동의 해부도인 그림 7-3의 '코스톨라니의 달걀(Kostolany's egg)'이다(앙드레 코스톨라니, 김재경 옮김, 2021).

시장(또는 시황)은 강세장과 약세장으로 나눌 수 있고, 강세장과 약세장은 각각 조정 국면, 동행 국면(적응 국면), 과장 국면으로 진행한다. 강세장의 끝인 과장 국면은 약세장의 시작인 조정 국면으로 이어지고, 약세장의 끝인 과장 국면은 강세장의 시작인 조정 국면으로 이어진다.

그림 7-3 코스톨라니의 달걀

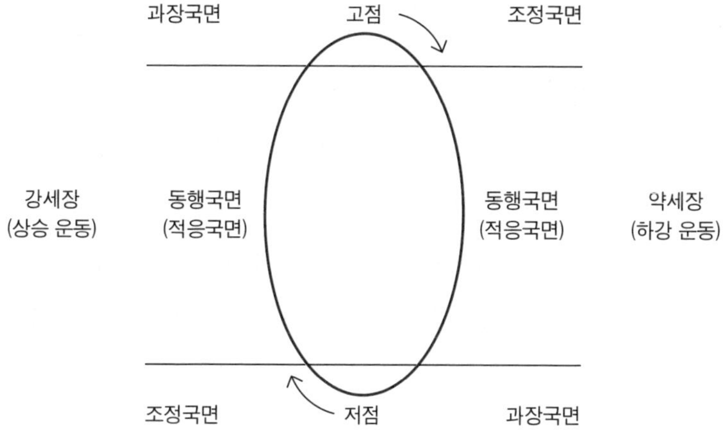


강세장의 조정 국면에서는 거래량도 적고 소유자의 수도 적다. 동행 국면에서는 거래량과 소유자 수가 증가한다. 과장 국면에서는 거래량은 폭증하고 소유자 수도 계속 증가해서 고점에서 최대가 된다.

약세장의 조정 국면에서는 거래량과 소유자 수가 서서히 감소한다. 동행 국면에서는 거래량은 증가하나 소유자 수는 계속 감소한다. 과장 국면에서는 거래량은 폭증하나 소유자 수는 감소해서 저점에서 최소가 된다.

강세장과 약세장의 제2국면인 동행 국면의 매수자는 소신파 투자자와 부화뇌동파 투자자의 성향을 절반씩 닮은 투자자이다. 제2국면에는 제3국면인 과장 국면으로 이행하게 만드는 위험이 도사리고 있다. 제3국면인 과장 국면은 오직 대중의 흥분만이 결정적인 요소로 작용한다.

강세장의 제3국면에서 부화뇌동파 투자자들이 매수에 참여하기 시작한다. 증권 대부분을 다수의 부화뇌동파 투자자들이 소유한 과매수(overbought) 시장이 된다. "무가치한 것을 대상으로 한 비이성적인 게임이 벌어진다(앙드레 코스톨라니, 김재경 옮김, 2021)." 약세장의 제3국면에서 소신파 투자자들이 매수에 참여하기 시작한다. 증권 대부분을 소수의 소신파 투자자가 소유한 과매도(oversold) 상태가 된다.

## 코스톨라니의 달걀과 뉴스

발행 증권의 대부분이 부화뇌동파 투자자의 수중에 있는 과매수 시장에서는 좋은 뉴스는 가격에 별로 영향을 미치지 못하고 나쁜 뉴스는 큰 영향을 미쳐 가격은 폭락한다. 소신파 투자자가 증권을 보유하고 있는 과매도 시장에서는 나쁜 뉴스는 큰 영향을 주지 않고 좋은 뉴스에는 가격이 크게 상승한다.

나쁜 정보가 계속되는데도 가격이 더 이상 하락하지 않는다면 그것은 시장이 과잉 매도 상태에 있음을 나타내는 징후이다. 증권은 대부분 소신파 투자자의 수중에 있고, 소신파 투자자는 신념으로 악재에 반응하지 않고 인내로 호재를 기다린다.

좋은 정보가 계속되는데도 가격이 더 이상 상승하지 않는다면 그것은 시장이 과잉 매수 상태에 있음을 나타내는 징후다.

증권은 대부분 부화뇌동파 투자자의 수중에 있고, 부화뇌동파 투자자는 돈이 없어 호재에 반응할 수 없다. 소신파 투자자는 가격 하락을 기다린다.



## 코스톨라니의 달걀과 거래량

시세가 하락하는 일정 기간에 거래량이 많다면, 이는 증권의 소유권이 부화뇌동파의 손에서 소신파의 손으로 넘어가고 있음을 보여준다. 마찬가지로 거래량이 늘어나면서 가격이 떨어지는 것은 일정 기간 후 가격 반전이 일어날 것임을 보여주는 것이다. 소신파 투자자는 갖고 있는 생각과 돈으로 증권을 매수하고 가격 상승을 기다릴 것이기 때문이다.

거래량이 많은 기간이 길어지는데 가격이 지속해서 오르는 경우라면, 상승 운동의 과장 국면에 진입한다는 신호다.[3] 거래량이 적은 기간이 길어지는데 가격이 지속해서 떨어지는 경우라면, 이는 증권의 소유권이 부화뇌동파의 수중에 있다는 것이다. 시세 하락은 공포로 인해 가속화될 수 있다. 거래량 관련한 긍정적인 징조는 적은 거래량과 가격의 점진적인 상승의 조합이다.

거래량 정보를 종합하면, 적은 거래량과 가격 상승 또는 하락의 조합은 동일 흐름의 지속을, 거래량 증가와 가격 상승 또는

3 거래량 증가와 시세 상승의 조합이 좋은 신호라는 관점이 있는데, 이는 사이클을 고려했을 때 옳지 않은 주장이다.

## 역투자(contrarianism, contrarian investment)

투자자의 대부분은 '유행을 좇는 사람들(trend flowers)'이다. 추세와 시장에 맞설 수 있어야만 성공적인 투자자가 될 수 있다(Marks, 2013).[4]

추세와 반대로 시장에 들어와서 한동안 추세와 함께하고 추세와 반대로 시장에서 나와야 한다. 전체 사이클의 2/3에서는 추세와 반대로 행동하고, 1/3에서는 추세와 함께 가야 한다.

상승 운동의 과장 국면에서 매도해야 하고 하강 운동의 과장 국면에서 매수해야 한다. 하강 운동과 상승 운동의 동행 국면에서는 거래 없이 기다려야 한다. 거래량이 폭증하고 투자자의 다수가 매수하려는 상승 운동의 과장 국면에서, 다수와는 다르게, 매도해야 한다. 거래량이 폭증하고 투자자의 다수가 매도하려는 하강 운동의 과장 국면에서, 남들과는 달리 매수해야 한다.

상승장에서는 즉시 매도하지 않고 하락장에서는 즉시 매수하지 않는다. 상승장에서는 추세와 함께하는 시간을 가져야 하고, 하락장에서는 투매가 일어날 때까지 기다려야 한다(앙드레 코스톨라니, 최병연 옮김 2018). 하워드 막스(Howard Marks)는 이를 '떨어지

4 "낙관이 지나칠 때는 회의에 비관이 더해져야 하며, 비관이 지나칠 때는 회의에 낙관이 더해져야 한다(Marks, 2013)." 역서(김경미, 2012) 인용.

는 칼날 잡기(catching falling knives)'라고 강렬하게 묘사했다(Marks, 2012; Marks, 2018).

7.3

# 여러 사이클

**사이클의 본질을 이해하고 사이클 위의 현재 위치를 인식하면 이익을 얻을 수 있는 추론이 가능해진다.**

인간의 감정은 필연적으로 자산가격을 극단적이고 지속 불가능한 수준으로 가져다 놓는다. 아찔하게 높은 고점일 수도 있고, 지나치게 비관적인 저점일 수도 있다.

간단히 말해서, 사이클의 필연성에 대한 성실한 믿음은 지적인 투자자의 어휘에서 수많은 단어와 구절을 제외해야 한다는 뜻이다. 제외할 말에는 '절대(never)', '항상(always)', '영원히(forever)', '할 수 없다(can't)' '아닐 것이다(won't)', '그럴 것이다(will)', '해야만 한다(have to)' 등이 있다(Marks, 2018).[5]

5 역서(이주영, 2018) 인용

투자활동의 근본적인 배경을 제공하는 경제 사이클, 이익 사이클과 기초 경제 여건(fundamental)의 변화를 확대하는 심리 사이클 등을 살펴보자.

## 경제 사이클

경제 사이클(economic cycle)[6]은 경기순환(business cycle)이라고도 한다. 다른 모든 사이클과 마찬가지로 '중심 집중 경향(central tendency)'을 보이지만 부침은 계속된다. 경제 상황은 경제주체와 시장에 영향을 미친다. 경기가 좋을 때는 기업의 성과가 개선되고 가계의 소비가 증가한다.

거시경제학(macro economics)의 출발점은 경제사회 전체의 지속적인 생산과정을 살펴보는 것이다. 경제성장률은 생산량 증가로 계산하므로 생산량 측정치는 가장 기초적인 거시경제지표다. 국내총생산(GDP, Gross Domestic Product)은 일정 기간 한 국가의 총생산을 금액으로 표시한 것이다(김동욱, 2022).

6 경기변동(business fluctuation)은 경기의 부침(오르내림)을 뜻하고, 경기변동의 되풀이를 경기순환(business cycle)이라고 한다, 경기순환을 도식화한 것이 경기파동(business wave)이다. 대표적인 경기파동은 다음과 같다. ① 단기파동: 키친파동(Kitchin's wave)은 재고 변동 등을 원인으로 하는 약 40개월 주기의 경기순환을 나타낸다. ② 중기파동: 주글라파동(Juglar's wave)은 설비투자 변동 등을 원인으로 하는 약 10년 주기의 경기순환을 나타낸다. ③ 중장기파동: 쿠즈네츠파동(Kuznets' wave)은 인구 변동 등을 원인으로 하는 약 20년 주기의 경기순환을 나타낸다. ④ 장기파동: 콘트라티에프파동(Kontratiev's wave)은 기술 혁신 등을 원인으로 하는 약 50년 주기의 경기순환을 나타낸다(김동욱, 2022).

장기 경제 사이클이 잠재성장률(potential growth rate)[7]을 결정한다. 그러나 매년의 실제 경제성장률(rate of economic growth)은 잠재성장률과 다르다. 인간의 행동이 개입하므로 장기적인 추세에서 이탈이 생겨나기 때문이다.

장기적인 경제성장은 장기 경제 사이클의 변동이 있기 전까지 오랜 기간 일정하다. 단기 경제성장은 평균적으로 장기적인 추세를 따르지만 매년 장기 경제 사이클을 중심으로 진동한다.

경제 사이클이 극단으로 이행하면 인플레이션(inflation), 디플레이션(deflation) 또는 경기침체(depression)라는 고통이 심화하므로 정부는 경제 사이클을 관리하고자 한다. 정부의 관리는 경기-조정적(counter-cyclical)일 수밖에 없다.

## 이익 사이클

기업의 이익은 경제 사이클에 따르지만 이보다 더 심하게 변동한다. 경제 사이클 외에도 이익 변동에 영향을 미치는 여러 요인이 있으며, 기업의 2가지 레버리지(영업 레버리지, 재무 레버리지)가 매출 변화보다 이익 변화를 확대하기 때문이다.

이익 사이클(cycle in profits)은 경제 사이클보다 진폭이 크다.

7 노동이나 자본 등 자원을 최대로 활용하였을 때 달성이 가능한 성장률로, 한 나라 경제의 최대 성장 능력을 말한다. 완전고용 하에서 물가 상승을 유발하지 않고 이룰 수 있는 최대의 성장률을 의미하기도 한다(www.moef.go.kr).

## 심리 사이클



인간의 심리 변화는 경제 사이클과 이익 사이클에 강한 영향을 미친다. 심리 사이클(cycle in psychology)[8]은 투자자산가격의 단기적인 상승과 하락을 초래한다.

심리 사이클은 다음의 요소들 사이를 움직인다. 탐욕(greed)-공포(fear)[9], 낙관론(optimism)-비관론(pessimism), 위험수용(risk tolerance)-위험회피(risk aversion), 신뢰(credence)-회의(skepticism), 미래가치에 대한 믿음(faith in value in the future)-명확한 현재가치에 관한 주장(insistence of concrete value in the present), 매수하려는 절박(urgency to buy)-매도하려는 공황(panic to sell).

사건 자체보다 사건의 해석이 변동의 원인이다. 심리 사이클은 해석에 영향을 준다.

## 태도 사이클

위험에 대한 태도의 사이클(cycle in attitude toward risks)은 투자 환경의 변화를 일으킨다. 투자 환경은 시장에서 논의된 결과이므로, 개별 투자자 또는 투자자들 사이의 사고와 언행을 통해 만

8 하워드 막스는 심리 사이클보다 '감정·심리의 시계추(pendulum of investor psychology·emotion)'라는 표현을 선호한다. 시계추 운동은 사이클의 특수한 경우로, 사이클의 다른 표현일 뿐이다(Marks, 2018).

9 "시장은 탐욕과 공포 사이에서 움직인다(Marks, 2018)."

들어진다.

투자자의 리스크 수용도가 증가하면 리스크 프리미엄이 감소하여 자본시장선은 평평해진다. 이 과정은 다음과 같이 진행된다.

- 긍정적인 언행이 낙관주의를 강화한다.
- 낙관주의가 강화되면 리스크 수용도가 증가한다.
- 리스크 수용도가 증가하면 리스크 프리미엄이 감소한다.
- 리스크 프리미엄의 감소는 위험자산의 요구수익률을 낮춘다.
- 요구수익률이 낮아졌으므로 자산가격이 상승한다.
- 가격 상승은 안전마진을 줄여 손실위험이 증가한다.

과도한 위험수용(high risk tolerance) 또는 위험망각(obliviousness toward risk)은 상승세를 만드는 주역이다. 과도한 위험수용이 리스크를 키운다. 지나친 위험회피는 최고의 매수 기회를 제공한다.

## 신용 사이클

자본시장 사이클(capital market cycle)[10]이라고도 불리는 신용 사이클(credit cycle)은 경제 현상에 민감하게 반응한다. 신용 사이클은 강력하고 불안정하며 다른 사이클에 큰 영향을 미친다. 신용 사이클과 심리 사이클은 상호 강력한 영향을 미친다.

기업 이익의 변동 폭은 GDP 변동 폭보다 크다. 심리 사이클의 진폭이 자본조달 여건에 커다란 영향을 주므로 증권시장의 시세 변동은 기업 이익의 변동 폭보다 크다. "경제가 약간 변동하면 이익은 꽤 크게 변동하는 반면, 대출 창구는 활짝 열리고 쾅 닫힌다(Marks, 2018)."[11]

훌륭한 투자는 단지 좋은 자산을 매수함으로써 완결되지 않는다. 좋은 가격과 좋은 거래 조건이 필요하다. 이러한 조건은 신용 사이클을 관찰함으로써 발견할 수 있다. 신용 사이클이 닫힌 국면에서 저가 매수 가능성이 최대화된다.

## 부실채권 사이클

부실채권(distressed debt) 투자시장은 매우 주기적이다.

전개의 전반부는 '벽난로에 장작 쌓기(stacks the logs in the

10 자본(capital)은 기업의 (총)자본을 가리키고, 신용(credit)은 자본에서 자기자본(equity capital)을 제외한 타인자본(debt capital)을 의미한다(Marks, 2018).

11 역서(이주영, 2018) 인용

fire place)' 과정이다. 양호한 경제환경으로 신용시장(credit market)이 과열된다. 상환 능력이 의심되는 대출이 실행되고 결과적으로 안전마진이 축소된다.

후반부는 '점화(fuel for bonfire)' 과정이다. 경기침체로 기업의 이익이 감소한다. 신용경색(credit crunch)이 발생하고 채무불이행이 속출한다. 무너진 신뢰로 상황이 계속 악화한다. 엄격한 대출 실행으로 채무불이행률이 낮아지면 다시 장작을 쌓기 시작한다. 모든 사이클은 저절로 반복된다(self-perpetuating).

부실채권 사이클(distressed debt cycle)은 신용 사이클을 중심으로, 다양한 사이클의 영향을 받고 그 작용을 분명히 보여준다.

- 경제 사이클은 이익 사이클, 심리 사이클에 영향을 미친다.
- 심리 사이클은 신용 사이클에 영향을 준다.
- 태도 사이클은 다른 사이클의 진폭을 확대한다.
- 신용 사이클은 상환 전개에 가속도를 부여한다.

## 부동산 사이클

부동산 투자시장의 가장 큰 특징은 생산 계획에서 완성까지 긴 리드타임(lead time)이 필요하다는 점이다. 다른 대출과는 달리 부동산 건설 또는 개발 관련 대출은 결정 시점과 실행 시점 간의 시간차로 인한 위험이 크다.

"집값에 대한 장기적인 데이터도 가치가 있지만, 자산가격이 상승하는 시기에는 사람들이 낙관적으로 변하고 전문가들은 그 낙관에 대해 권위자로서의 지지를 보탠다는 것이 가장 중요한 가르침이다(Marks, 2018)."[12]

부동산 사이클(real estate cycle)은 신용 사이클과 공통점이 많다. 다른 사이클에서도 확인할 수 있지만 부동산 사이클에서 가장 뚜렷하게 나타나는 특징은 다른 사람들의 행위를 고려하지 않고 의사결정이 이루어진다는 점이다. '바닥을 향한 경주(race to the bottom)'가 치열하다.

부동산 사이클은 리드타임, 레버리지, 공급의 비탄력성으로 증폭된다. 다른 사이클과의 상호 영향은 물론 극단으로 치닫는 경향이 뚜렷하다.

12 역서(이주영, 2018) 인용

7.4

—

# 시장 사이클

앞 절에서 경제 사이클, 신용 사이클, 심리 사이클 등 기본 사이클 외에 구체적 투자시장의 사이클인 부실채권 사이클과 부동산 사이클을 살펴봤다. 이제 종합적인 시장 사이클(market cycle)을 알아보자.

## 가격변동

자산가격은 기초 경제 여건과 투자자의 심리 전개로 결정된다. 가격은 가장 큰 동기를 가진 매수자 또는 매도자의 영향으로 움직인다(서준식, 2020). 기초 경제 여건은 주로 경제 사이클, 이익 사이클, 신용 사이클의 영향을 받는다. 심리 사이클은 주로 태도 사이클의 영향을 받는다.

증권을 비롯한 투자자산의 가격은 기초자산 실적(주식의 경우 기업의 실적)의 변동보다 큰 폭으로 변동한다. 그 이유는 장기적으로 안정적인 기초 경제 여건의 전개에 의해서가 아니라 투자자 심리의 전개에 기인한다. 가격의 변화는 기초 경제 여건의 변화를 부풀려서 반영한다.

### 경제 여건과 투자 심리의 상호작용

다양한 속도와 강도의 양방향 상호작용이 경제 여건과 투자 심리 간에 존재한다. 일방향으로 작용할 때도 있고, 동시에 양방향으로 작용하기도 한다. 일방이 타방의 원인이 될 수도 있다. 양자의 사이에서 신용 사이클이 되먹임(feedback)을 준다. 그러므로 투자는 완전히 과학적으로 설명할 수 없다.

- 경제 여건이 심리를 강화하고, 낙관적 심리는 경제 여건에 긍정적 영향을 미친다.
- 낙관적 투자 심리에 의해 자산가격이 상승하고, 가격 상승은 투자 심리에 긍정적 영향을 미친다.

## 강세장과 약세장의 전개

"상승 운동 및 하강 운동은 인간 심리, 즉 놀라서 당황하거나 혹은 신이 나서 들떠 있는 심리상태의 반영이다(앙드레 코스톨라니, 김재경 옮김, 2021)."

'현자가 시작한 일을 마지막에 바보가 뛰어들어 마무리한다'는 투자 격언은 강세장과 약세장 전개의 핵심을 짧지만 적확하게 묘사한다.

강세장(bull market)의 3단계는 다음과 같다(Marks, 2013; Marks, 2018).

제1단계: 소수의 미래지향적인 투자자들이 상황이 호전될 것으로 믿기 시작할 때

제2단계: 대부분이 실제 상황이 호전되고 있다는 것을 알게 될 때

제3단계: 모두가 상황이 계속해서 호전될 것이라는 결론을 내릴 때

약세장(bear market)의 3단계는 다음과 같다(Marks, 2013; Marks, 2018).

제1단계: 소수의 신중한 투자자들이 강세가 만연해 있음에도 불구하고 상황이 언제나 좋을 수는 없다는 것을 인식

할 때

제2단계: 대부분이 실제 상황이 악화하고 있다는 것을 알게 될 때

제3단계: 모두가 상황이 악화할 수밖에 없음을 확신할 때

## 저항과 항복

강세장의 1단계에서 매수 기회를 놓친 투자자들은 바로 흐름에 동참하지는 않는다. 처음에는 부정(denial)하고 나중에는 저항(resistance)한다. 시장 과열이 계속되면서 타인이 투기적 행위로 이익을 얻는 것을 지켜보다가 '선행자 따라 하기(follow-the-leader)'가 시작된다. "친구가 부자가 되는 모습을 지켜보는 것만큼 사람들의 안락과 판단력을 혼란스럽게 만드는 것은 없다(Kindleberger, 2011)."[13] 저항 의지를 잃고 열기에 올라탄다. 이것이 항복(capitulation)이다.

맨 나중에 항복하는 사람이 사이클의 반전을 조성한다. 이 사람이 '마지막에 뛰어드는 바보'다.

13 역서(김홍식, 2006) 인용

시장 사이클 상승기의 고점에서 가장 낙관적인 심리, 최대한 완화된 신용, 최고 가격-최저 수익률, 최대 리스크를 동시에 확인할 수 있다.

시장 사이클 하락기의 저점에서 가장 비관적인 심리, 최대한 경색된 신용, 최저 가격-최고 수익률, 최소 리스크가 동시에 달성된다.

## 7.5

# 사이클 대응

사이클의 정확한 진행은 알 수 없지만, 현재 위치에 대해서는 알아야 한다. 사이클의 어디쯤에 위치하는지 파악함으로써 사이클의 고점에서는 매수하지 않고 사이클의 저점에서는 염가매수(bargain purchase) 기회를 잡을 수 있다. "타인이 실망으로 매도할 때 매수하고, 탐욕으로 매수할 때 매도하는 것은 큰 용기가 필요하지만 보상도 가장 크다."[14]

14 존 템플턴(Sir John Templeton, 1912~ 2008), 재인용(Marks, 2018)

## 추론

미래 예측에 의존하지 않고 현재의 관찰을 기초로 한 파악으로 훌륭한 투자 결정을 할 수 있다.

주변 환경으로부터의 통찰력 있는 추론(inference)으로 마켓 사이클에서의 현재 위치를 알아낼 수 있다. 심리 사이클에서 공포와 도취 중 무엇이 지배하는가를, 태도 사이클에서 위험수용과 위험망각의 정도를, 신용 사이클에서 수익률 스프레드를 살펴본다. 이러한 관찰의 결과와 경제 사이클, 이익 사이클과의 이격 정도를 파악한다.

2가지 핵심 평가는 다음과 같다.

- 계량적 평가로, 벨류에이션(valuation, 자산의 현재가치 평가) 측정
- 질적인 평가로, 주변 투자자의 행동에 대한 인식

2가지 핵심 질문은 다음과 같다.

- 가격은 어떻게 결정되는가?
- 투자자들은 어떻게 행동하는가?

투자자들의 태도와 행동이 시장을 바꾼다.

- 시장의 힘(market forces)은 투자자들의 동기를 바꾼다.
- 변화된 동기(motivation)가 투자자들의 행동을 바꾼다.

- 변화된 행동(behavior)이 결과를 결정한다.

"사이클이 어디쯤 와 있는지 평가한다고 다음에 무슨 일이 일어날지 알 수 있는 것은 아니지만, 어떤 일의 발생 가능성이 더 높고 낮은지는 알 수 있다(Marks, 2018)."[15]

## 쌍둥이 위험

투자 오류를 방지하기 위해서는 2가지 위험(쌍둥이 위험, twin risks)을 지속해서 최소화해야 한다. '돈을 잃을 위험(risk of losing money)'과 '기회를 잃을 위험(risk of missing opportunity)' 간의 균형을 맞춰야 한다. 둘 중 하나를 제거하면 다른 하나에 완전히 노출되기 때문이다.

사이클의 고점에서는 돈을 잃을 위험을 최소화하도록 노력하고, 사이클의 저점에서는 기회를 잃을 위험을 줄이는 데 중점을 두어야 한다. 이것이 사이클 포지셔닝(cycle positioning)이다. 사이클의 위치에 관한 판단에 따라 포트폴리오 리스크에 대응하는 태도를 결정하는 과정이다.

15 역서(이주영, 2018) 인용

다음 장에서는…

사이클이 들리는가? 이제 당신은 '마지막 멍청이'가 되지는 않을 것이다. 다음 장은 투자 심리 이야기다. '폐따 꼼뺄리', '야성적 충동', '군중심리' 등 흥미로운 이야기가 펼쳐진다.

8장

# 투자 심리

단기적 그리고 중기적으로
심리학은 증권시장의 90퍼센트를 결정한다.

**앙드레 코스톨라니**

투자에서 가장 중요한 것은 건전하고 지적인 사고체계와
이를 지탱하는 감정을 조절하는 능력이다.

**워런 버핏**

물체의 움직임은 계산할 수 있지만
사람들의 광기는 계산할 수 없었다.

**아이작 뉴턴**

천체운동은 아주 정밀하게 측량할 수 있으나,
정신 나간 군중이 시세를 어떻게 끌고 갈지는 도대체 알 수 없다.

**알베르트 아인슈타인**

경제 여건은, 단기적으로는, 시세에 아무런 영향을 주지 못한다. 시장의 분위기는 시장 참여자의 다수가 낙관적인지 또는 비관적인지에 달려 있다. 널리 알려진 비유를 살펴보자(앙드레 코스톨라니, 정진상 옮김, 2017).

한 남자가 그의 개와 함께 길을 따라가고 있는 그림을 상상해보십시오. 그 남자는 일정하게 앞으로 걷고 있습니다. 그것이 바로 경제이지요, 개는 앞으로 달려가며 이리저리 뛰어다니다가 그의 주인에게 돌아옵니다. 다시금 앞서 달려나갔다가 또다시 돌아옵니다.

개가 걸어 다닌 길이 증권의 움직임을 나타낸 것입니다. 주인과 개 둘 다 앞으로 나아갑니다. 마침내 그들은 산책의 목적지에 함께 도달합니다. 주인은 1킬로미터를 걸었습니다. 그러나 개는 같은 산책길을 왔다 갔다가 하면서 3킬로미터 또는 4킬로미터를 걸었습니다. 증권시장의 움직임도 이와 아주 같습니다. 그들은

앞서거니 뒤서거니 하며 경제적 확장에 동행합니다.[1]

"주가의 흐름은 무엇보다도 주식을 내놓는 매도자가 주식을 사들이는 매수자보다 더 급박함을 느끼는가, 안 느끼는가에 달려 있다(앙드레 코스톨라니, 김재경 옮김, 2021)."

1 국가의 경제성장률에 비해 주가의 등락 폭이 과도하다, 1980년부터 2018년까지 한국의 경제성장률은 평균 6%, 최대 13%, 최소 -5%의 모습을 보였지만, 주가의 경우 평균 12.8%, 최대 92.6%, 최소 -51%의 움직임을 보였다(서준식, 2020).

8.1

—

# 투자는 심리학이다

**투자에서 인간 심리의 중요성을 강조하는 이들이 많다. '유럽의 워런 버핏'으로 불리는 앙드레 코스톨라니(André Kostolany)는 투자를 '심리게임'으로 정의했다.**

우리가 사는 세상은 밀물과 썰물 같은 순환, 사계절의 연속, 변화하는 달의 끊임없는 순환 등의 자연 상태를 보여준다. 사회적 삶 속에서 우리는 경제에서의 호황과 불황, 민족 간의 전쟁과 평화 – 요컨대 인간 공동체의 역사 – 속에서 낙관주의(혁신)와 비관주의(정체) 간의 왕복운동 등의 순환들을 만나게 된다. 증권시장도 이와 똑같다. 이곳에서도 대중심리가 결정적 요인으로 작용하여 이러한 끊임없는 움직임을 가능케 한다(앙드레 코스톨라니, 정진상 옮김, 2017).

투자는 통계와 분석이 주를 이루는 것으로 보이기 쉽지만, "매매의 영역으로 들어가면 심리전이 된다(박영옥, 2021)"라는 점을 부인할 수 없다. 매매는 결국 수요-공급의 문제이기 때문이다.

'케인스의 미인대회(The Keynesian Beauty Contest)'는 심리게임으로서의 투자를 가장 잘 설명한다.

혹은 또, 비유를 좀 달리한다면, 직업적 투자자는 100매의 사진 가운데서 가장 얼굴이 아름다운 6인을 선택하여 그 선택이 투표자 전체의 평균적인 선호에 가장 가까운 사람에게 상품이 수여되는 신문투표와 비교될 수 있을 것이다. 이 경우에는 각 투표자는 그 자신이 가장 아름답다고 생각하는 얼굴을 선택하는 것이 아니라, 다른 투표자들의 취향에 가장 잘 맞을 것으로 생각되는 얼굴을 선택해야 하는데, 거기다가 또 투표자들은 모두 문제를 같은 관점으로부터 보고 있는 것이다. 여기에서 문제가 되는 것은 자신의 최선의 판단으로 진실로 가장 아름다운 얼굴을 선택하는 것도 아니며, 더구나 평균적인 의견이 어떤 평균적인 의견을 기대하고 있는가를 예견하는 것에 우리의 지력을 집중시키는 제3차의 영역에 우리는 도달해 있는 것이다. 나아가서는 제4차, 제5차 및 그 이상 고차의 수단을 부리고 있는 사람도 있을 것으로 나는 믿는다(존 메이너드 케인스, 조순 옮김, 2007).

투자는 인간의 행위와 관련하므로, 투자의 결과는 다양하고 주기적으로 변한다. 투자는 '균형의 문제'이며, 투자자는 '상대적 결정'을 해야 한다. '경향에 대한 통찰력'을 갖기 위해서도 심리에 대한 이해가 필수적이다.

경제 여건 사이클 외에도 심리 사이클과 위험에 대한 태도 사이클을 이해하고, 현재의 위치를 파악하고, 대응해야 한다.

투자자는 감정을 통제하고 지적으로 행동해야 한다.

(…) 많은 사람이 정보를 분석하는 데 필요한 지적 능력을 가지고 있지만, 극소수의 사람들만이 상황을 좀 더 깊이 볼 수 있고 심리가 가진 강한 영향력에서 자유로울 수 있다. 이를 다른 식으로 표현하자면 많은 이들이 분석을 통해 비슷한 인지적 결론에 도달할 테지만, 저마다 심리로부터 영향을 받는 정도가 다르기 때문에 비슷하게 나온 결론을 가지고 만들 수 있는 결과는 매우 차이가 난다. 가장 큰 투자 실수는 정보나 분석적인 요인에서 나오는 것이 아니라, 심리적인 요인에서 나온다(Marks, 2013).[2]

투자에서 중요한 것은 손실을 피하는 것이다. "사업하는 투자자이자 투자하는 사업가(신진오, 2020)"인 워런 버핏(Warren Edward Buffet, 1930~)은 '절대 돈을 잃지 말라'고 말했다. 손실을 피하기 위해서는 손실을 유발하는 3가지 함정(pitfall)에 빠지지 않

2 역서(김경미, 2012) 인용

 아야 한다(Marks, 2013).

### 함정1: 마켓 사이클 인지 실패

빈번한 실수의 원인은 아니지만, 치명적 실수를 초래할 수 있다.

### 함정2: 상상력 부족(failure of imagination)

미래의 확률분포를 생각할 때, 발생할 수 있는 결과의 범위를 전체적으로 그려보지 못하거나 극단적 결과치에 대해 충분히 이해하지 못함으로써 분석상의 실수(analytical error)를 범하는 것을 말한다. 대표적으로 자산 동조화(co-movement)를 간과함으로써 상관관계의 영향력을 과소평가하는 폐해가 있다. 평상시 잘 분산된 것으로 보이는 포트폴리오가 위기를 맞으면 경제 여건과 무관한 비본질적 요인의 영향과 리스크 회피의 일반적 증가의 지배 아래 모든 자산에 비슷한 충격을 줄 수 있다. 심리적 요인과 기술적 요인이 기초 경제 여건(fundamentals)을 압도할 수 있다.

미래에 발생 가능한 극단적인 사건들을 간과하는 것이 첫 번째 원인이고, 극단적 사건들 때문에 연쇄적으로 발생하게 될 결과를 이해하지 못하는 것이 두 번째 원인이다.

### 함정3: 심리적·감정적 실수(psychological·emotional error)

탐욕과 공포, '불신의 유예(willingness to suspend disbelief)'와

의심, 자아와 시기심, 자기과신(overconfidence) 등으로 인하여 함정에 빠질 수 있다.

심리적 영향의 대표적인 피해 유형은 다음과 같다.

첫째, 심리에 굴복하여 거래에 참여한다.

둘째, 군중의 굴복으로 왜곡된 시장에 참가한다.

셋째, 왜곡된 시장을, 예를 들어 공매도하지 않음으로써 기회로 삼지 못하는 '누락의 실수(an error of omission)'를 범할 수 있다.

벤저민 그레이엄(Benjamin Graham)은 "투자자를 위협하는 가장 위험한 적은 자기 자신"이라며 투자 심리를 중시했고, "투자 과정에는 함정이 숨어 있다"고 경고했다(Graham, 2003).

투자는 심리학이다.

8.2

## 페따 꼼쁠리

“배당금이 많아지면 주가도 올라가리라 예측할 수 있는가?” 라는 질문에 앙드레 코스톨라니(André Kostolany)는 “그렇지 않다, 특히 단기적 혹은 중기적으로는”이라고 답했다. 배당금 증가에 대한 기대가 주가에 미리 반영되고, 발표 후 오히려 주가 하락이 발생할 수도 있다(앙드레 코스톨라니, 최병연 옮김, 2018). 이것이 ‘페따 꼼쁠리(fait accompli) 현상’이다.

‘페따 꼼쁠리’는 기정사실(旣定事實, accomplished fact, established fact)이라는 뜻의 프랑스어다. 시장에는 쓰레기 정보가 난무한다. 주가에 이미 반영된(priced in 또는 priced into) 뉴스에 적응하지 못하면 투자에 실패할 수밖에 없다. 확고한 사실에는 투자할 필요가 없다,

증권거래소의 초보자들에게는 뉴스나 사건에 대한 주식 시세의 반응이 비합리적이고 비논리적인 것으로 비춰질 수 있다. 증권거래소는 종종 술주정뱅이처럼 반응한다. 좋은 소식에 울기도 하고 나쁜 소식에 웃기도 한다. 나는 이런 현상을 페따 꼼뺄리라고 부른다. 증권시장의 논리는 일상생활의 논리와는 완전히 다르다(앙드레 코스톨라니, 김재경 옮김, 2021).

이익 10% 증가를 기대하고 있었는데 10% 이익 증가 실적이 발표되었다. 새로운 정보가 없다면 시세는 그대로이거나 떨어질 수 있다. 기대를 충족한 투자자가 이익을 실현하면 시세가 하락할 수 있다. 5% 이익 증가라는 실적이 발표된다면 시세는 떨어진다. 이익이 증가했다는 사실은 중요하지 않다. 10% 상승을 기대했는데 이에 미달했다는 사실이 중요하다.

페따 꼼뺄리 현상의 사례를 하나 더 살펴보자.

파산 위험에 직면한 회사의 주가가 계속 하락하다가 어느 순간 하락세를 멈추고 소폭의 상승세를 보인다. 이후 나쁜 뉴스가 계속되는데도 불구하고 오랜 시간 주가 변동이 없다. 다수가 주식을 팔았지만, 이제는 파산 위험을 감수할 용의가 있는 투자자의 손에 주식이 남아 있기 때문이다. 또는 주가 하락 전 공매도한 약세장 투자자들이 이익 실현을 위해서 주식을 매수하여 계약을 청산하고 있기 때문이다(앙드레 코스톨라니, 정진상 옮김, 2017).

## 8.3

# 행동경제학

행동경제학의 선구자들은 주류 경제학이 인간의 비경제적 동기가 행동에 미치는 영향과 비합리적 오류의 가능성을 배제함으로써 잘못된 방향으로 나아가고 있다고 주장했다.

### 야성적 충동

조지 애커로프(George Arther Akerlof, 1940~)와 로버트 실러(Robert James Shiller, 1946~)는 주류 경제학이 놓친 부분을 존 메이너드 케인스(John Maynard Keynes)가 언급한 '야성적 충동(animal spirit)'[3]으로 보고, 이를 고려한 경제학의 필요성을 강조했다.

3 라틴어 'spiritus animalis'에서 유래한 것으로, '야성적'은 '마음의'라는 의미로 근본적인 정신적 에너지나 생명의 힘을 가리킨다(Akerlof and Shiller, 2009).

투기로 말미암은 불안정성을 떠나서도 우리의 적극적인 활동의 대부분은 그것이 도덕적인 것이건 쾌락주의적인 것이건 또는 경제적인 것이건 간에 수학적 기대치에 의존하는 것보다는 오히려 자생적인 낙관에 의존한다는 인간성의 특징으로 말미암은 불안정성이 또 있는 것이다. 장래의 긴 세월에 걸쳐 그 완전한 결과가 나오는 어떤 적극적인 일을 행하고자 하는 우리 결의의 대부분은 추측건대, 오직 야성적 충동(야성적 혈기)–불활동보다는 오히려 활동하려는 자생적인 충동–의 결과로 이루어질 수 있을 뿐이며, 수량적인 이익에 수량적인 확률을 곱해서 얻은 가중평균의 소산으로 이루어지는 것은 아니다. 기업은 기업 자신의 설립 취지서의 서술이 아무리 솔직하고 진지한 것이라 할지라도, 주로 그것에 의해 동기를 부여받는 일은 없고 그저 그런 척할 따름이다. 그것이 장래 이익의 정확한 계산을 기초로 하는 것이 아니라는 것은 남극 탐험의 경우와 별 차이가 없다. 따라서 만약 야성적 충동이 둔화하거나 자생적인 낙관이 주춤거리게 됨으로써 수학적 기대치 이외에 우리가 의지할 수 있는 것이 없어진다면, 기업은 쇠퇴하고 사멸하게 될 것이다. 물론 손실에 대한 공포도 이전에 이윤에 대한 희망이 품고 있었던 것 이상으로 합리적인 기초를 가진 것이 아닌 것도 사실이다(존 메이너드 케인스, 조순 옮김, 2007).[4]

4 역서에서는 '야성적 충동' 대신 '야성적 혈기'로 번역했다.
여기서 야성적 충동을 설명한 '불활동보다는 오히려 활동하려는 자생적인 충동'은 "행동하지 않기보다는 행동하는 쪽으로 기우는 본능적 욕구(a spontaneous urge to action rather than inaction)"를 뜻한다(Chang, 2014).

애커로프와 실러는 자신감(confidence), 공정성(fairness), 부패와 악의(corruption and bad faith), 화폐착각(money illusion), 이야기(stories)라는 5가지 주제로 야성적 충동을 설명한다(Akerlof and Shiller, 2009).

## 행동경제학

주류 경제학의 완전한 합리성에 대항하여 허버트 사이먼(Herbert Alexander Simon, 1916~2001)은 '제한된 합리성(bounded rationality)'과 '만족화 모형(satisfying model of decision-making)'을 제시했다. 인간의 합리성은 의사결정 과정에서 다양한 고려사항, 인지적 한계, 시간 제약으로 제한되고 최적 결정보다는 만족스러운 해결책을 찾는다(김동욱, 2021).

제한된 합리성에 대한 이해는 대니얼 카너먼(Daniel Kahneman, 1934~ )과 아모스 트버스키(Amos Tversky, 1937~1996)에 의해 행동경제학(behavioral economics)으로 발현되었고, 리처드 탈러(Richard Thaler, 1945~)에 의해 행동금융학(behavioral finance)으로 확장되었다(크리스토퍼 시, 양성희 옮김, 2011).

## 행동금융학

행동금융학 또는 행동재무학은 인간 행동의 불안정성(instability)과 비일관성(incongruence)을 인정하고, 경제활동의 비경제적 동기와 비합리적 반응을 고려한다.

심리학은 '이중프로세스이론(Dual Process Theory)'을 규명했다. 인간의 사고시스템은 자동으로 빠르게 작동하는 시스템 1과 주의를 요하는 시스템 2로 이루어져 있다. 복잡한 상황에서는 의식적이고 추론하는 자아(reasoning self)인 시스템 2가 주도권을 갖지만, 인간의 사고와 행동 대부분은 효율적이지만 편향을 일으키는 시스템 1에서 발생한다(Kahneman, 2011).

행동금융학은 효율적시장가설의 타당성을 잠식하고 있다. 다만 아직은 전체를 통합하는 논리적 개념체계를 정립해 나가는 과정이라는 평가가 일반적이다(김동옥, 2021).

8.4

## 금융불안정성가설

금융불안정성가설(FIH, Financial Instability Hypothesis)은, 효율적시장가설(EMH)의 대척점에서, 금융시스템의 내재적 불안정성(intrinsic instability)을 주장한다. 효율적시장가설은 가격변동을 금융시스템 외부에서 발생한 새로운 정보를 반영한 결과로 본다. 금융불안정성가설은 내재가치의 변화와 무관한 사소한 충격에도 급격한 가격변동이 가능한 금융시스템의 취약성을 강조한다.

하이먼 민스키(Hyman Phillip Minsky, 1919~1996)는 존 메이너드 케인스(John Maynard Keynes)의 이론을 재해석하여 금융의 중요성을 체계화하고 내재적 불안정성을 강조한다(Minsky, 2008b). 금융불안정성가설은 다음 2가지 사실을 기초로 한다(Minsky, 2008a).

- 자본주의 핵심인 금융의 속성으로부터 심각한 경기변동이 발생한다.
- 시장은 지속적이고 안정적인 가격을 도출하고 균형에 달성하지 못한다.

금융불안정성가설은 부채(debt, 채무)를 핵심 요소로 삼아 균형(equilibrium)을 배제한다.

실물 경제활동 지원 목적의 자금조달 및 상환 활동의 역동성(dynamism)이 경제적 추론(economic calculation)에 불확실성을 부여한다(Rubini and Mihm, 2010).

신용확장(credit expansion)과 신용축소(credit contraction)의 반복으로 불규칙한 경기변동이 지속되어 안정으로 수렴하지 않는다(Cooper, 2009).

## 금융불안정성가설 vs. 효율적시장가설

거시적 관점에서 금융 활동이 지속되고 누적되면 취약성이 제고되면서 금융시스템이 불안정해지고 효율성이 제한된다. "효율적시장가설에 대한 금융불안정성가설의 문제 제기는 미시적 관점에서 가격의 정보 반영성에 집중한다기보다 시장효율성을 통한 균형 달성에 이의를 제기하는 것이다(김동옥, 2021)."

워런 버핏(Warren Edward Buffet)은 시장이 '자주(sometimes)'

효율적인데도 불구하고 항상(always) 효율적이라고 잘못 생각하고 있다고 지적했다. 효율적시장가설의 중심 인물인 유진 파마(Eugene Fransis Fama, 1939~)와 케네스 프렌치(Kenneth Ronald French, 1954~)는 파마-프렌치 모형(Fama-French Model)으로 저 PBR 소형주에 투자하면 초과수익(excess return)을 얻을 수 있다고 주장했다는 사실은 아이러니다(신진오, 2020).

자본시장은 완전시장이 아니지만, 예외적인 경우를 제외하면 정보효율성을 충족하여 안정적인 금융거래를 지원한다. 유동성이 확보된 일정 규모 이상의 자본시장에서는 시장효율성을 부정하기보다는 무조건적 신뢰를 유보하는 것이 바람직하다(김동욱, 2021).

인간의 실수가 시장을 비효율적으로 만들 수 있으므로, 시장이 비효율적이라는 타당한 근거를 확인했을 때는 한시적으로 시장을 이길 수 있다(Marks, 2013).

자본시장은 사소한 충격에도 가격변동이 가능한 취약성을 보유하지만, 거의 언제나 효율적이다.

8.5

—

# 군중심리

앙드레 코스톨라니(André Kostolany)는 귀스타브 르 봉(Gustave Le Bon, 1841~1931)의 《군중심리》를 투자자의 필독서로 추천했다. 증권시장은 '군중심리(herd mentality, mob mentality)' 그 자체이므로, 증권분석은 집단의 심리분석이어야 하기 때문이다. 개인 또는 집단의 심리적 동기나 특정 상황에서의 반응은 예측할 수 없지만, 군중심리의 반응 강도와 시기는 투자자로서 어느 정도는 예감할 수 있다고 결론지었다(앙드레 코스톨라니, 김재경 옮김, 2021).

군중심리는 합리적이지 않다. '케인스의 미인대회'를 떠올리는 다음 이야기를 살펴보자(앙드레 코스톨라니, 정진상 옮김, 2017).

"어느 날 오래된 스코틀랜드 혈통의 젊고 잘생긴 왕자가 매력적인 스페인 공주와 약혼을 했다고 신문에 보도된 적이 있지요. 온 세계가 이 아름다운 한 쌍에 매혹되었고, 사람들은 곧바로 그들에 대해 많은 것을 알게 되었습니다. 그리고는 그 둘의 로맨스가 앞으로 어떻게 발전할 것인가에 온갖 관심을 쏟게 되었지요. 이 사건은 대중들에게 긍정적인 분위기를 제공하며 일반적인 낙관론이 유럽의 증권시장에도 전염되었습니다. 그럴듯한 이유도 없이 시세는 오르고 또 올랐지요. 많은 투자자는 부자가 되었고 사람들은 집을 사고 재화를 벌어들이며 투자를 계속했습니다. 당연히 경제는 번창해졌지요. 이렇게 해서 시세 상승 투자가 발생한답니다."

주위의 모든 사람은 동의하는 뜻으로 고개를 끄덕였으며, 그들 부모님이 이야기해 주었던 당시의 황금기를 떠올리고 있었다.

(…)

"그러던 어느 날 전혀 기대하지 않았던 나쁜 소식이 날아듭니다. 혼인은 깨어졌고 왕자와 공주는 싸우다가 서로 헤어졌지요. 이 뉴스는 하나의 충격으로 작용하며 증권시장의 큰 폭락을 불러일으켰답니다. 주가는 끝이 보이지 않을 정도로 떨어졌으며 부를 구가하던 그동안의 모든 생활이 거품처럼 날아가버렸지요. 심지어 자살하는 사람도 있었답니다. 이것이 바로 시세 하락 투자입니다."

(…)

"아니 도대체 귀족들의 결혼이 증권시장과 무슨 상관이 있단 말입니까?"

"이상하군요. 내가 처음에 시세 상승 투자를 설명했을 때는 왜 그런 질문을 하지 않았나요?"

'신념'은 투자자의 덕목이다. "투자자는 무엇이 옳은지 그른지에 대해 자기 생각, 자기 아이디어와 방향을 가지고 있어야 하며, 대중에 휩쓸려 감정적으로 행동하지 않아야 한다(앙드레 코스톨라니, 최병연 옮김, 2018)." 군중심리를 이해해야 신념을 갖고 지적으로 행동할 수 있다.

벤저민 그레이엄(Benjamin Graham)의 '현명한 투자자', 코스톨라니의 '소신파 투자자', 필립 피셔(Philip Arthur Fisher)의 '보수적 투자자'는 군중심리를 알고 있다.

군중을 명확히 이해한 후, 르 봉의 《군중심리》를 간략히 요약해보자. 군중심리를 파악하는 빈틈없는(shrewd) 투자자가 될 수 있다.

## 군중

다수의 무리를 가리키는 말 중 가장 먼저 쓰인 군중, 18세기 이후에 나타난 공중, 20세기 들어 사용되기 시작한 대중과 민

중을 구분해보자.[5]

'군중(crowd)'은 개인이나 사건을 중심으로 비슷한 이해관계를 갖고 일시적으로 모인 다수의 사람들을 가리킨다. 익명성과 즉흥성은 군중의 대표적 특성이다.

계몽주의(enlightenment)의 산물인 '공중(the public)'은 자율적 판단과 합리성을 존중하는 여론(public opinion)을 만드는 무리를 가리킨다. 공통 관심사를 토론하고 해결 의지로 민주주의 가치를 형성한다. 비고정성과 비지속성을 특성으로 하며 수평적 균형을 이루고 있다.

상대적으로 소수인 공중과 다수인 군중은 '대중(mass)'을 이룬다. 공중과는 달리 공공선(public good)에 대한 인식이 없다. 이질성과 고정성은 대중의 특성을 나타낸다.

'민중(people, minjung)'은 인민대중(人民大衆)의 약어로, 우리 역사가 만들고 우리가 지키고 있는 언어다. 단재 신채호(1880~1936) 선생님은 자각을 통해 스스로의 힘으로 혁명을 완수하는 주체라는 자생적 의미를 부여했다.

사회심리학(social psychology)은 인간의 사회적 행동(social behavior)을 다룬다. 행동이 인간과 사회적 환경의 함수이며, 상황에 대한 주관적 해석에 반응한 결과를 행동이라고 본다. 인간은 사회적 촉진(social facilitation) 효과로 인해 경쟁심과 긴장감으

5 오형석, 2021, 군중, 공중, 대중, 민중은 어떻게 다른가? 모래 같은 군중에서 각성한 민중으로, www.byuri.co.kr

로 행동 속도가 빨라진다. 군중 속에서의 행동은 몰개성화(de-individualization)로 개인적 정체감을 상실하고 집단에 몰입한다. 인간은 동조(conformity) 습성을 갖고, 집단의 압력에 크게 영향을 받는다(최정훈 외, 1991).

## 군중의 정신구조

특정 상황에서 형성되는 개인의 무리-'조직된 군중' 또는 '심리적 군중'-는 단일체를 형성하고 '군중의 정신을 단일화하는 심리 법칙'을 따른다. 그러므로 무리를 구성하는 개개인과 무척 다른 특성을 드러낸다. 심리적 군중은 이질적 요소들이 결합해서 형성되는 일시적 존재다.

개인의식의 상실, 무의식 활동의 우세, 감정과 생각을 같은 방향으로 유도하는 전염, 암시받은 대로 즉시 행동하려는 경향(피암시성) 등이 군중의 일원인 개인의 주된 특성이다.

군중은 변덕스럽고 충동적이고 과민하다. 군중은 다양한 자극에 영향을 받고 항상 자극을 따르기 때문에 변덕스럽게 보인다. 군중은 무의식의 지배를 받으므로 충동적이다. 군중의 일원이 되면 개인은 다수(多數)가 부여하는 힘을 의식하고 과민하게 행동한다.

군중은 피암시성이 강하고 맹신하는 경향을 띤다. 전염은 피암시성을 강화하고 행동을 유발한다. 군중은 비판적 사고능력을 상실하였으므로 맹신한다. 암시는 언제나 개인의 착각에서 출발하고 주위로 전염된다.

군중의 감정은 단순하고 과장된 이중적 특성을 보인다. 한 번 표출된 감정이 암시와 전염을 통해 급속도로 확산하고, 주변의 동의를 얻으며 감정의 힘이 증폭되기 때문이다.

군중은 편협하고 독선적이며 보수적이다. 군중의 맹신은 편협성으로 드러난다. 편협성은 군중을 권위적이고 독선적으로 만든다. 군중은 무의식의 지배를 받기 때문에 지극히 보수적이다.

군중에게 암시되는 사상은 단순하고 절대적 형태일 때만 힘을 얻는다. 군중은 심상(image)으로 표현된 사상만을 이해할 수 있으므로, 군중 사이에서 모순된 사상들이 나란히 존재할 수 있다. 어떤 사실이 군중의 정신에 스며든 이후에는 저항할 수 없는 힘을 갖게 되고 연쇄효과를 일으킨다.

군중의 추론 방식에서 두드러진 점은 외적 유사성만으로 짝짓고 특수 사례를 과잉 일반화하는 경향이다. 군중 속 개인의 대다수가 자기만의 추론에 따라 고유한 의견을 갖지 못하기 때문이다.

군중은 추론 능력이 약하므로 상상력이 활발하고 격정적이며 주변의 영향을 크게 받는다. 사건들이 응축(condensation)되며 강렬한 이미지를 만들어야 군중의 상상력에 충격을 줄 수 있다. 사건 자체가 아니라 제시되는 방법이 중요하다.

## 군중의 의견과 신념

군중의 의견과 신념에 영향을 주는 간접 요인은 민족, 전통, 시간, 학습과 교육 등이다.

사회적 암시를 대변하는 환경, 상황, 사건은 상당한 영향력을 가질 수 있지만, 그런 암시가 민족적 암시와 상반된다면 언제나 일시적인 영향력으로 그친다. 군중은 전통을 고집하며 변화를 반대한다. 군중의 의견과 신념이 잉태되는 토양을 마련하는 것은 시간이다. 정치제도와 사회제도는 민족의 산물로, 시대의 피조물이다. 제도는 군중의 정신에 깊이 영향을 미치는 수단이 아니다. 군중의 영혼에 영향을 주는 것은 환상과 언어다. 학습과 교육은 부분적으로 군중의 정신을 개선하거나 악화시킨다.

군중의 의견과 신념에 영향을 주는 직접 요인은 이미지, 환상, 경험이다.

단어, 경구, 이미지는 군중의 의견과 신념에 강력한 영향을 미친다. 단어나 경구는 모호한 이미지를 떠올리게 하지만, 이 모호함이 군중을 현혹하고 신비로운 힘을 부여한다. 군중은 진실을 갈망하기보다는 환상을 좇는다. 반복된 경험은 군중의 정신에 진실을 심어주고, 위험한 환상을 걷어내기도 한다.

군중은 이성적 추론에 영향받지 않는다. 이성보다는 감정, 무의식의 산물인 환상이 군중을 자극한다.

군중에게는 수세기 동안 지속되고 문명이 근거 삼는 원대한 신념과 일시적이고 유동적인 의견이 있다. 신념은 믿음을 부르고 의무감을 형성한다. 군중은 신념과 신념에서 파생된 관습의 지배를 받는다. 불변의 신념 위에 끊임없이 명멸하는 가변적 의견의 층이 존재한다. 암시와 전염에 의한 변화는 언제나 일시적이다.

다음 장에서는…

9장은 투자 전략에 대한 논의다. 5장에 이어서 분석 능력을 길러보는 시간이다. 투자 실행까지의 전체 과정을 상상하며 주의 깊게 대가의 제안을 음미해볼 것이다.

# 9장

# 투자 전략

지나친 중시와 경시 사이에서 균형을 찾아야 한다.

벤저민 그레이엄

투자 제1원칙: 돈을 잃지 마라
(Never lose money).
투자 제2원칙: 제1원칙을 잊지 마라
(Never forget rule number 1).

워런 버핏

그림으로 표현할 수 없는 아이디어에는 투자하지 마라.

피터 린치

주식시장은 작은 문이 하나만 있는 대형 극장과 같다.

나심 니콜라스 탈레브

투자 전략(investment strategy, investment policy)은 투자 원칙(investment principle) 및 투자 태도(investment attitude)의 반영으로, 기술적으로는 포트폴리오 선택(portfolio selection)을 뜻한다(Graham, 2003).

시중에 떠도는 고수의 투자 전략은 수백 가지나 되지만, 이들은 모두 주식거래가 시작된 이래 계속 사용된 십여 개 기본 투자 전략에서 변형된 것이다. 즉, 다양한 주제에 맞게 수정하고 새 이름을 붙이면서 새 세대 투자자에게 새로운 투자 전략이라고 권유했다. 이러한 투자 전략이 지금까지 유지된 것은 인간의 본능과 약점(탐욕, 공포, 자만 등)에 호소하는 요소를 갖추었기 때문이다(Damodaran, 2004).[1]

포트폴리오 구축 전략은 자산 배분 후 종목을 선정하는 하향식 전략(top-down portfolio construction strategy)과 종목 선정에

1 역서(이건·홍진채, 2021) 인용

집중하는 상향식 전략(bottom-up portfolio construction strategy)으로 나뉜다(Bodie et al., 2008).

투자 전략의 타당성은 개별 투자자의 태도에 달려 있으므로(Graham, 2003), 어떤 전략이 불편하다면 이는 위험신호다(Damodaran, 2004). 부적합함을 알리는 불편한 투자 전략은 재고해야 한다. 해당 전략의 약점을 분석하고 투자 실패를 방지해야 한다.

다양한 투자 전략을 살펴보는 목적은 투자자 각자의 판단을 돕기 위함이다. 투자자별 위험성향과 투자기간에 따라 올바른 전략을 선택한다면 성공 가능성을 높일 수 있다.

## 9.1

—

# 투자 전략 분류

투자 전략은 변동성 가득한 시장에서 현명하게 대응하는 방법을 포함해야 한다.

투자 전략은 투자 철학(investment philosophy)이 구현되는 방식(투자 스타일, investment style)에 따라 나눌 수 있다. 능동적(active) vs. 수동적(passive), 성장(growth stocks) vs. 가치(value stocks), 소형주(small cap companies) vs. 대형주(large cap companies)가 대표적이다.

가장 대표적인 투자 전략은 매입-보유(buy and hold) 전략이다.

애즈워스 다모다란(Aseath Damodaran, 1957~)은 투자 전략을 인간 감성(공포, 탐욕, 희망)에 따라 위험회피형 전략, 위험추구형 전략, 탐욕형 전략, 희망형 전략으로 분류한다(Damodaran, 2004).

## 위험회피형 전략

위험회피형 전략(stories for the risk averse)은 위험을 최대한 덜 부담하려는 투자자를 위한 전략이다.

'고배당주(high dividend stocks) 전략'은 정기적 현금흐름에 더하여 가격 상승에 따른 이익 가능성으로 위험회피형 투자자에게 매력적이다. 주식 발행 회사가 자산 규모가 큰 대기업이라면 더욱 안전하다.

'저PER주(stocks with low PER) 전략'은 전통적으로 안전한 투자 전략으로 인식된다. 가치투자자들은 이 전략이 저위험 고수익 전략에 부합한다고 주장한다.

'장부가 이하 주식(stocks that trade at less than book value) 전략'은 시장가격보다 회계정보를 신뢰하는 투자자에게 호소력이 있다. 장부가치를 청산가치(liquidating value)로 인식하는 투자자에게는 안전한 보험으로 여겨진다.

'꾸준한 이익을 내는 기업(stable earnings companies) 전략'은 미래 이익에 대한 불확실성을 최소화하는 전략이다.

## 위험추구형 전략

위험추구형 전략(stories for the risk seeker)은 수익을 최대한 더 수취하려는 투자자를 위한 전략이다.

'위대한 기업(great companies) 전략'은 위기에 닥치더라도 뛰어난 경영진이 저위험, 고수익을 동시에 달성할 수 있을 것이라는 믿음에 기초한다.

'성장주(growth stocks) 전략'은 이익성장률이 큰 기업에 투자하는 성장투자 전략이다.

'낙폭 과대주(loser stocks) 전략'은 시장이 부정적 뉴스에 과민하게 반응한다고 믿는 투자자에게 소구한다. 지나치게 하락했다면 추가 하락 가능성은 적다고 판단하고 반등을 노리는 투자 전략이다.

'숨겨진 할인(hidden bargain) 전략'은 미래의 대스타(super star)를 남보다 빨리 찾고자 하는 투자자에게 매력적인 전략이다. 때로는 더 이른 시점에 투자하기 위해서 벤처투자자가 되기도 한다.

### 탐욕형 전략

탐욕형 전략(stories for the greedy)은 투자자의 탐욕스러운 본성을 자극한다.

'속성 코스(fast track) 전략' 성급한 투자자를 유혹한다. 빠른 성장 속도를 기대하며 인수합병 관련 주식에 투자한다.

'무자본·무위험·고수익(no money down, no risk, big profits) 전략'은 공짜점심(free lunch)을 노린다. 보통의 투자는 지금 사서 나중에 비싸게 파는 '시간상 투자'인데 반해 차익거래는 '공간상 투자'다(앙드레 코스톨라니, 김재경 옮김, 2021). 차익거래(arbitrage)

또는 재정거래(裁定去來) 기회는 조건이 필요하다. 동일 시점에 다른 장소에서 같은 자산이 다른 가격으로 거래되고, 가격 차가 좁혀질 것이라는 보장이 있어야 한다. 이러한 순수차익거래(pure arbitrage) 기회는 드물고, 근사차익거래(near arbitrage) 또는 투기적 차익거래(speculative arbitrage)는 정교한 기술이 필요하고 위험이 남는다.

'모멘텀 전략(momentum strategies)'은 가격이 오르는 주식을 매수해서 상승세에 편승하는 전략이다.

## 희망형 전략

희망형 전략(stories for the hopeful)은 부진을 쉽게 떨쳐내고 인내심을 강조하는 투자자의 전략이다.

'전문가 따라 하기(just follow the experts) 전략'은 비법을 추구한다. "투자비법이라고 불리는 것의 90%는 광고, 심지어는 조작이다." 옛날 빈(Vienna)에서는 이를 '토끼털 깎기'라고 불렀다(앙드레 코스톨라니, 최병연 옮김, 2018). 사기꾼의 유혹에 대처하는 가장 좋은 방법은 박식하고 회의적인 투자자가 되는 것이다(Damodaran, 2004).

'항상 승리하는 장기투자(stocks always win in the long term) 전략'은 가격 선택(pricing) 전략에 대비되는 시점 선택(timing) 전략이다. 마켓 타이밍(market timing)이 성공하면 커다란 보상이 뒤

따른다. 그러나 벤저민 그레이엄(Benjamin Graham)은 시점 선택을 부질없는 투기꾼의 전략으로 경고한다(Graham, 2003).

9.2

—

# 안전마진

안전마진(margin of safety)은 안전을 확보하기 위한 여유분을 뜻한다.

의약 분야에서 효과적인 일반 용량과 심각하거나 생명을 위협할 수 있는 부작용을 초래하는 용량 간의 차이를 뜻하는 안전역(安全域, margin of safety)도 같은 개념이다. 재무회계 분야의 안전한계(margin of safety)도 마찬가지다. 손익분기점(BEP, Break-Even Point) 매출액 대비 현재 매출액으로 안전도를 계산한다(신진오, 2020). 안전역이 클수록 바람직하고, 안전한계가 작으면 위험하다.

안전마진은 투자 전략을 건전하게 만든다.

## PER

PER은 기업의 이익으로 투자 원금(현재 주가, P)을 몇 년 안에 회수할 수 있는지를 나타내므로 회수기간법(payback period method) 투자 지표다. 그러므로 저PER 주식에 투자하는 것이 유리하다.

$$PER = \frac{P}{EPS_1}, EPS = \frac{\text{당기순이익}}{\text{발행주식수 - 자사주수}}$$

PER을 사용할 때는 장기(과거 7~10년) 평균 EPS 사용을 권고한다. 경기순환의 영향과 특정 연도의 특별손익이 미치는 효과를 제거할 수 있기 때문이다(Graham, 2003).

$$\text{적정주가} = \text{예상 } EPS \times \text{적정 } PER$$

절대가치 평가모형으로 구한 내재가치와는 달리 상대가치 평가모형으로 추정한 값은 공정가치(fair value)라는 의미의 적정주가가 타당하다(신진오, 2020).

절대가치 평가모형인 현금흐름할인모형(DCF, Discount Cash Flow)의 내재가치 추정은 다음과 같다.

$$V = \frac{EPS}{k_e - g}$$

($k_e$: 자기자본비용 또는 주주의 요구수익률, $g$: 성장률)

적정(justified) PER은 주가(P)가 내재가치(V)에 도달했을 때의 PER로 주가를 내재가치로 바꾸어 구할 수 있다.

$$\text{적정 } PER = \frac{V}{EPS} = \frac{1}{k_e - g}$$

적정 PER은 주주의 요구수익률과 역의 관계, EPS 장기성장률과 정의 관계다. 주주가 위험을 느낄수록 PER은 낮아져야 한다. EPS 성장률이 높을수록 PER은 높아진다. 즉, 투자 매력도가 올라간다(신진오, 2020).

절대가치 평가모형인 배당할인모형(DDM, Discounted Dividend Model) 중 고정성장모형(CGM, Constant Growth Model)의 내재가치 추정은 다음과 같다.

$$V = \frac{DPS}{(k_e - g)} = \frac{EPS \times (1 - b)}{(k_e - g)} \quad (b\text{: 내부유보율 또는 재투자율})$$

적정 PER은 주가가 내재가치에 도달했을 때의 PER로 주가를 내재가치로 바꾸어 구할 수 있다.

$$\text{적정 } PER = \frac{V}{EPS} = \frac{(1 - b)}{(k_e - g)}$$

적정 PER은 주주의 요구수익률과 역의 관계, DPS의 장기성장률과 정의 관계다. 배당이 적거나 주주가 위험을 느낄수록

PER은 낮아져야 한다. DPS 성장률이 높을수록 PER은 높아진다. 즉, 투자 매력도가 올라간다(신진오, 2020).

PER은 매우 변덕스러울 수 있다. 이는 증권가의 '재평가' 때문이다.[2] "주가가 오르거나 내리는 것은 이 기업에서 무슨 일이 벌어지고 있으며 앞으로 무슨 일이 벌어질 것인가에 대해 증권가에서 내리는 현재의 합의에 따른 것이다." 어떤 기업에 대한 사실과 편차가 큰 증권가의 평가로 주가는 오랫동안 내재가치보다 훨씬 높거나 혹은 훨씬 낮을 수 있다(필립 피셔, 박정태 옮김, 2005a).

20X1년

A 기업의 EPS는 1,000원, 주가는 10,000원, PER은 10이었다.

20X2년

A 기업과 같은 업종의 다른 기업 대부분은 순이익 감소 추세였지만, A 기업의 EPS는 1,400원으로 증가했다. A 기업의 PER은 여전히 10이었고, 주가는 14,000원으로 상승했다.

20X3년

산업의 이익 감소 추세는 여전했지만, A 기업의 EPS는 1,800원으로 증가했다. A 기업에 대한 재평가가 이루어져 PER이 25로 높아졌다. 주가는 45,000원으로 2년 전의 4.5 배가 되었다.

2 주가에 영향을 미치는 증권가의 평가는 ① 주식시장 전체에 대한 평가, ② 산업에 대한 평가, ③ 기업에 대한 평가라는 독립된 3가지 평가가 섞여 작용한다(필립 피셔, 박정태 옮김, 2005a).

재평가는 핵심은 아니지만 주가의 급변동을 일으킬 수 있다. 모든 주가의 오르내림은 사후에 PER로 합리적으로 설명할 수 있다. 재평가를 합리적으로 본다면 그렇다는 말이다.

## PBR

PBR은 기업의 자산 매각으로 투자 원금(현재 주가, P)을 회수할 수 있는지를 나타내는 지표다. 그러므로 저PBR 주식에 투자하는 것이 유리하다.

$$PBR = \frac{P}{BPS}, BPS = \frac{\text{순자산가치}}{\text{유통주식수}} = \frac{\text{자산 - 부채}}{\text{발행주식수 - 자사주수}}$$

절대가치 평가모형인 초과이익모형(RIM, Residual Income Model)의 내재가치 추정은 다음과 같다.

$$V = BPS + \frac{(ROE - k_e) \times BPS}{(k_e - g)} = \frac{(ROE - g) \times BPS}{(k_e - g)}$$

위 내재가치 식에서 두 번째 항이 초과이익(RI, Residual Income) 또는 프리미엄을 나타낸다. 자기자본수익률(ROE)이 성장률(g)보다 크면 초과이익은 양(+)이 되고, 내재가치는 장부가치에 무형의 가치가 더해진다).

적정 PBR은 주가(P)가 내재가치(V)에 도달했을 때의 PBR

로 주가를 내재가치로 바꾸어 구할 수 있다.



$$\text{적정 } PBR = \frac{V}{BPS} = \frac{(ROE - g)}{(k_e - g)}$$

적정 PBR은 주주의 요구수익률과 역의 관계, ROE 및 장기 성장률과 정의 관계다. 주주가 위험을 느낄수록 PBR은 낮아진다. ROE가 높거나 RI가 성장할수록 PBR은 높아진다. 즉, 투자 매력도가 올라간다(신진오, 2020).

## 일드갭

일드갭(yield gap)은 비율의 차이로 안전마진을 측정한다.

주식의 예상 수익력이 당시의 채권수익률보다 높을 때 안전마진을 확보한다. PER의 역수인 주식수익률 또는 주가수익비율과 채권수익률의 차(일드갭), '채권수익률을 초과하는 주식수익률'을 안전마진으로 본다. 주식수익률이 10%이고 채권수익률이 5%일 때 주식에 투자하면 일드갭 5%가 매년 초과수익으로 누적된다. 10년이 지나면 초과수익 누적액이 50%를 넘어 충분한 안전마진으로 작용한다(Graham, 2003).

주식수익률 대신 ROE, 채권수익률 대신 채권할인율로 하여 양자의 차이를 안전마진의 크기로 판단할 수도 있다(신진오, 2020).

## 가격 스프레드

가격 스프레드는 가격의 차이로 안전마진을 측정한다.

벤저민 그레이엄(Benjamin Graham)이 제시하는 주식투자의 두 번째 안전마진 지표는 내재가치와 가격의 차이인 가격 스프레드(price spread)다. "평범한 증권이라도 충분히 낮은 가격에 매수하면-공격적 투자자에게 적합한 비우량 저평가주-안전한 투자가 될 수 있다(Graham, 2003)."

비우량 기업의 주식 매수는 투기에 해당하지만, 예외적으로 안전마진을 확보함으로써 투자로 볼 수 있다(신진오, 2020). "투기 중에도 현명한 투기(intelligent speculation)가 있다(Graham, 2003)."

## 3중 안전마진

"안전마진이 충분하면, 투자자는 미래를 정밀하게 예측할 필요가 없다(Graham, 2003)." 충분한 안전마진은 실수에 대한 보험이다(신진오, 2020).

첫째, 기업의 수익성에서 안전마진을 확보하는 것이 원칙이다.
둘째, 내재가치보다 저가에 매수하여 안전마진을 확보할 수 있다.
셋째, 실수를 대비하기 위한 안전마진까지 확보한다면 어떤 경우에도 생존할 수 있다.

9.3

—

# 자산 배분

포트폴리오 성과 결정 요인에 관한 연구에서 자산 배분의 중요성이 밝혀졌다. 1991년의 연구에서, 기여도의 순서는 자산 배분(91.5%), 종목 선정(4.6%), 시점 선택(1.8%) 순이었다(Brinson, 1991). 2015년의 저작에서는, 상위 자산 배분(주식, 채권, 현금) 70%, 하위 자산 배분(국가, 섹터 등) 20%, 종목 선정 10% 순이었다.[3]

자산 배분 전략은 포트폴리오이론을 따르고, 위험 최소화와 수익 극대화를 추구한다.

첫째, 평균-분산 최적화(MVO, Mean Variance Optimization) 과정을 거쳐 위험이 최소화된 포트폴리오를 구축한다.

둘째, 자산 재배분(re-balancing) 통해 수익을 최대화한다.

3 Kenneth Fisher(2015), 재인용(신진오, 2020)

사전 목표 비중을 유지하기 위한 조정 과정에서 저가 매수-고가 매도가 반복되고 누적된다(신진오, 2020).

벤저민 그레이엄(Benjamin Graham)은 초보 투자자에게 주식과 채권에 절반씩 투자하는 것을 추천한다. 이 권고를 기초로 다양한 방식을 살펴보자(Graham, 2003).

## 매입-보유

최초 자산 배분 전략대로 포트폴리오를 구성한 후 그대로 보유하는 방법이다.

단기 대박을 노리다 예상과 달리 손실이 발생한 결과인 '비자발적 장기투자'는 제외한다(신진오, 2020).

## 정률식

정률투자법(constant ratio plan)은 매입-보유법으로 시작하여 가격 변동에 따른 재배분을 통해 가격 기준 비중을 유지하는 방법이다. 간단한 방법이지만 여러 장점이 있다.

첫째, 초보 투자자도 손쉽게 적용할 수 있다.

둘째, 리밸런싱으로 이익을 누적할 수 있다.

셋째, 힘든 상황에서도 능동적 행동이 수반되므로 만족감과 자존감을 지킬 수 있다(Garaham, 2003).

넷째, 장기투자에 대한 확실한 보답을 얻을 수 있다.



## 변율식

변율투자법(variable ratio plan)은 매입-보유법으로 시작하여 가격 변동에 따라, 정률식과 달리, 공격적 재배분을 하는 방법이다. 시황에 따라 주식-채권 비중을 25:75에서 75:25까지 조정한다.

투자자의 판단으로 비중을 조정하는 것이 자의적이라고 판단한다면, 주식 비중을 매입-보유법의 채권 비중으로 맞추는 것을 추천한다(신진오, 2020). 50:50으로 시작해서 40:50가 되면 45:45로 조정하고, 75:55가 되면 65:65로 조정한다.

## 정액매수적립식

정액매수적립법(constant dollar plan)은 매월(또는 매년) 같은 금액을 투입하는 방법으로 평균투자법(dollar-cost averaging)이라고도 한다. 이는 공식투자(formular investing)를 폭넓게 적용한 기법으로, 주가가 하락하면 매수량이 증가하고 주가가 상승하면 매수량이 감소하여 장기적으로 매수단가가 낮아진다.

정량매수적립법(constant share plan)은 주가와 무관하게 매수량을 유지하는 방법으로 장기적으로 정액매수적립법보다 평균 매수단가가 높다.

## 연준모형

연준모형(FED model) 또는 그린스펀 모형(Greenspan model)은 미 연준의 금리 조정 방식을 빌린 것이다.[4] 구체적인 방법은 아래와 같다(신진오, 2020).

첫째, 주식수익률(10%)과 채권수익률(5%)의 합을 구한다.

둘째, 주식 비중 = 주식수익률 ÷ (주식수익률 + 채권수익률) = 2/3.

셋째, 채권 비중 = 채권수익률 ÷ (주식수익률 + 채권수익률) = 1/3.

수익률이 높은 자산을 더 많이 보유하겠다는 아이디어에 기초하므로 논리적으로 타당한 전략이다.

4 일드갭(주식수익률 - 채권수익률)이 양수(+)면 금리 인상을, 음수(-)면 금리 인하를 검토한다.

9.4

—

# 종목 선정

종목 선정(security selection)은 자산 배분 이후의 수행 과제다. 많은 투자자가 자산 배분은 등한시하고 종목 선정에 집중하지만, 분산투자 개념을 적용하면 종목 선정 논란을 최소화할 수 있다.

박영옥은 평생 함께할 기업 3~4개를 꾸준히 관찰하면서 성장주기에 따라 투자 비중을 조정할 것을 추천한다.[5]

종목 선정에 대한 반론도 존재한다. 전문가들조차 가장 유

5 "1975년 상장했을 무렵의 삼성전자 주가는 2,800원(액면가 5,000원)이었다. 2021년 초 기준 이 회사의 주가는 8만 원대(액면가 100원)다. 상장 당시의 액면가 5,000원으로 계산하면 주당 400만 원대로 1,400배가 올랐다. 1975년에 1,000만 원을 투자했다면 현재는 140억 원(유·무상증자 및 배당은 제외한 수치다)이 되었다는 의미다. 1979년 분양한 은마 아파트의 평균 분양가가 2,400만 원이었는데 현재는 20억 원가량 된다. 그러나 같은 돈으로 삼성전자 주식에 투자했다면무려 336억 원으로 늘었을 것이다. 그런데 당시 삼성전자는 주목받던 대장주가 아니었다(박영옥, 2021)."

 망한 산업에서 가장 유망한 기업을 선정해서 집중투자할 방법은 없기 때문이다(Graham, 2003).

## 재무분석

증권분석(security analysis) 또는 재무분석(financial analysis)은 종목 선정의 중심에 있다. 투자 대상 자산인 증권(주식, 채권)에 대한 조사 및 평가라는 의미의 증권분석, 투자 전략(investment policy) 또는 포트폴리오 선택(portfolio selection)과 일반경제분석(general economic analysis)까지 포함하는 재무분석이라는 용어가 혼용된다.

벤저민 그레이엄(Benjamin Graham)은 미래 실적 추정보다는 과거 실적에 중심을 두는 2단계 분석을 권고하고, 미래 실적을 다루는 방법을 설명했다(Graham, 2003).

2단계 분석의 1단계에서는 과거 실적만을 근거로 과거 실적 가치(past-performance value)를 산출하고, 2단계에서 미래 상황 변화를 고려하여 과거 실적 가치를 조정(modification)한다. 과거 실적 대신 미래 추정치 평가에 의존할수록, 계산 착오와 오류 가능성이 커질 수 있기 때문이다.

예측(prediction)과 보호(protection)라는 미래의 실적을 대하는 2가지 태도가 있다. 예측을 중시하는 태도는 미래 이익성장률을 정확히 추정하려고 애쓰는 정성적 기법(qualitative approach)이다. 보호를 중시하는 태도는 분석 시점의 주가에 관심을 집중하는 정량적 기법(quantitative approach)으로 채권분석 기법을 주식분석에 확장 적용하는 것이다. 내재가치 분석으로 안전마진이 충분한지 확인한다.

## 종목 선정

박영옥은 '투자기업 선정 관련 7가지 핵심 질문'으로 종목 선정 방법을 제시했다(박영옥, 2021).

첫째, 기업의 기초체력을 확인한다.

① 기업이 속한 산업의 향후 (5년) 전망은 어떠한가?

② 비즈니스모델이 명확한가?

③ 재무구조가 안정적이고 단순한가?

둘째, 기업의 본성·성향을 확인한다. 주주 친화성 및 투자자 소통을 점검한다.

④ 적정한 수준의 배당을 해왔는가?

⑤ 성실히 공시하는가?

⑥ 경영자가 누구인가?

마지막 질문은 저가 매수와 관련 있다.

⑦ 저평가되어 있는가?

분석가들은 보통 실적 개선으로 장래 시세 흐름이 가장 유망할 것으로 보이는 종목 선정에 치중한다. 그러나 그레이엄은 박영옥의 마지막 질문과 같이, 저가 매수에 집중한다. "내가 선호하는 분석 방식은 주가가 내재가치보다 훨씬 낮다고 자신 있게 판단할 수 있는 예외적인 사례를 찾아내는 것이다(Graham, 2003)."

그레이엄은 종목 선정에서 '배제법(exclusion method)'을 권고한다. "현명한 포트폴리오 구축 프로세스는 가장 좋은 종목을 매입하기 위해 그보다 못한 종목을 매도하고, 최악의 종목은 피하는 것으로 이루어진다(Marks, 2013)."[6]

필립 피셔(Philip Arthur Fisher)의 종목 선정은 '사실 수집(scuttlebutt)'에 기초한다. 사실 수집은 현실 세계(main street resources)로부터 투자 대상 기업에 대한 답을 구하는 예술이다(Fisher, 2003).

## 방어적 투자자의 종목 선정

그레이엄이 방어적 투자자에게 추천하는 종목 선정 방법은 다음과 같다(Graham, 2003).

1. 분산투자(10~30종목)

6 역서(김경미, 2012) 인용

2. 선도 대형주
3. 과거 10년간 적자가 발생하지 않은 기업 주식
4. 과거 20년간 지속해서 배당금을 지급한 기업 주식
5. 7년 평균 이익 기준 PER ≤ 25, 12개월 평균 이익 기준 PER ≤ 20
6. PBR ≤ 15
7. PER × PBR ≤ 22.5

방법 7은 PER과 PBR을 동시에 고려한다. 둘 중 하나가 높으면 나머지 하나는 낮아야 한다. 주가 상승으로 고PBR주가 되더라도 EPS 증가로 저PER주라면 투자 대상으로 적합하다는 의미다.

우리나라 실정에 맞게 조정하면 다음과 같다(신진오, 2020).

1. 분산투자(10~30종목)
2. 대형주(부채비율 100% 이하, 시가총액 5천억 원 이상, 업종 내 매출액 선도 기업)
3. 10년 평균 ROA(Return On Asset, 총자산수익률) 또는 ROE 기준 상대적 우량 기업 주식

대형주 조건은 KOSPI200 편입 종목으로 대체할 수 있다.

## 공격적 투자자의 종목 선정

그레이엄이 공격적 투자자에게 추천하는 종목 선정 방법은 다음과 같다(Graham, 2003).

1. 소외된 대형주
2. 염가종목
3. 특수상황 종목

우리나라 실정에 맞게 조정하면 다음과 같다(신진오, 2020).

1. 분산투자(10~30종목)
2. 중소형주(부채비율 150% 이하, 시가총액 2천억 원 이상)
3. 10년 평균 정상 PER 기준 상대적 저평가주
4. 내재가치를 목표로 구한 기대수익률 우량주

일시적 악재로부터 회복이 가능한(turn-around) 기업도 고려할 수 있다.

## 성장투자자의 종목 선정

성장주투자이론의 개척자인 피셔는 가치투자는 저평가 정도가 제한적이고 정당 가치를 회복하는 시간이 매우 길 수도 있으므로, 성장주 투자의 수익률이 훨씬 높다고 주장했다(Fisher, 2003).





역사적으로 보면 최고의 수익을 올린 투자자는 행운이 따라 주었든 혹은 뛰어난 감각을 갖고 있었든 오랜 기간에 걸쳐 매출액과 순이익이 전체 산업 평균보다 훨씬 높게 성장한 소수의 기업을 찾아낸 사람들이었다. 더구나 이런 기업을 발굴했다고 믿게 되면 장기적으로 이 종목을 보유하는 게 더 낫다는 사실도 알려준다. 이런 기업은 반드시 설립된 지 얼마 되지 않은 작은 기업일 필요는 없다. 오히려 규모와 관계없이 이런 기업에 중요한 것은 더욱 강력한 성장을 이루어내고자 하는 결의(determination)와 성장계획을 최종적으로 완성해낼 수 있는 실행 능력(ability)을 갖춘 경영진이다. 이 같은 성장기업은 또 다양한 자연과학 분야의 연구진을 조직화해 경제적으로 가치 있는 제품을 시장에 내놓고, 생산라인을 발전시켜 나가는 방법을 알고 있다. 이런 기업의 일반적인 특성은 경영진이 광범위한 성장계획을 갖고 끊임없는 열정을 발휘해 일상적인 회사 업무를 아주 탁월하게 처리해 나간다는 점이다.[7]

피셔는 기업의 '성장과 발전 잠재력(potentialities for growth and development)'을 확실하게 판단하는 것이 논리적으로 타당한

7 역서(박정태, 2005) 인용

투자 성공을 위한 방법이라고 지적했다. 그러나 이는 매우 어려운 방법이므로, 기업 세계의 다양한 정보망을 구성하고 있는 자들에게 질문함으로써 답을 찾는 '사실 수집(scuttlebutt)'이라는 현실적 방법론을 제시했다. 경쟁업체(competitors), 유통업체(vendors), 고객(customers), 전임직원(former employees), 관련 연구소의 연구원(research scientists)이나 관련 협회의 간부들이 귀중한 정보원이다. 이들과의 대화에서 그림을 그리고 여전히 빈 곳은 해당 기업의 간부들로부터 얻어낸다(Fisher, 2003).

피셔의 투자 대상 기업을 찾는 15가지 포인트(핵심 질문)는 다음과 같다(Fisher, 2003).

1. 향후 몇 년간 매출액이 상당히 늘어날 수 있는 시장 잠재력을 가진 제품(또는 서비스)을 갖고 있나?
2. 최고 경영진은 현재 보유하고 있는 제품의 생산능력이 한계에 도달했을 때도 매출액 증가를 위한 신제품 또는 신기술 개발의 투지를 갖고 있나?
3. 효과적인 연구개발 노력이 존재하나?
4. 평균 이상 수준의 영업조직을 갖고 있나?
5. 영업이익률(profit margin)은 충분한가?
6. 영업이익률 개선을 위해 노력하고 있나?
7. 노사관계는 안정적인가?
8. 임원들 간에 훌륭한 관계가 유지되고 있나?

9. 경영진 층이 두터운가?
10. 원가분석 및 재무관리 능력이 우수한가?
11. 경쟁업체 대비 우수한 기업임을 알려주는 해당 업종에서 독특한 사업 능력을 보유하고 있나?
12. 장기적 관점으로 이익을 바라보고 있나?
13. 증자를 통한 주식 가치 희석 가능성은 없나?
14. 위기에 처했음에도 경영진이 투자자들과 원만한 소통을 유지하는가?
15. 경영진의 진실성을 신뢰할 수 있나?

피셔가 경영진과의 대화에서 가장 좋아하는 질문은 "당신의 회사가 직면하고 있는 장기적으로 가장 중요한 문제가 무엇이라고 생각합니까(필립 피셔, 박정태 옮김, 2005b)?"이고, 피셔의 아들(Kenneth Fisher)이 생각하는 최고의 질문은 "경쟁업체에서 아직 하지 않지만 당신 회사에서는 시도하고 있는 일은 무엇입니까(Fisher, 2003)?"이다.

투자 대상 기업은 시장환경이 우수하고 훌륭한 제품을 갖고 있으며(핵심 질문 1), 결연한 의지의 경영진이 성장과 발전 잠재력을 끊임없이 개발하는(핵심 질문 2), 미래를 대비하는 신제품 창출 능력을 보유한(핵심 질문 3), 강력한 영업조직을 갖고 있는(핵심 질문 4) 미래지향적인 기업이다.

과학적인 원가관리로(핵심 질문 10), 충분한 이익 창출력을 보유하고 있으며(핵심 질문 5), 이 능력을 계속해서 개선하기 위해 노력하며(핵심 질문 6), 임직원의 협조로 생산성을 확보하는(핵심 질문 7) 안정적인 기업이다.

탁월한 경영진은 15가지 모든 특징을 결합하여 진실하게 기업을 이끈다(핵심 질문 8, 9, 14, 15).

사실 수집, 자료 분석, 현장 조사를 절차를 거쳐 핵심 질문 대부분에서 긍정적인 답을 얻는다면 훌륭한 종목을 찾은 것이다.

9.5

—

# 투자 실행

투자자의 철학은 포트폴리오 구축으로 실현된다. 포트폴리오 구축은 자산 배분, 종목 선정 후 투자 실행(investment execution)으로 완성된다(Damodaran, 2003).

투자 실행은 투자 전략에 기초하여 자산의 매수와 매도를 완결하여 포트폴리오 전략을 실행하는 것이다.

똑똑한 투자는 단 한 가지 형태가 있다. 가치가 있는 것을 찾아내서 그것을 적정 가격이나 그 이하의 가격에 사는 것이다. 가치를 수량화해서 매력적인 매수 가격을 고집하지 않는다면 똑똑한 투자를 할 수 없다. 가격과 가치의 관계 이외의 개념을 중심

으로 이루어진 모든 투자활동은 비이성적이다(Marks, 2018).[8]

투자 실행 단계에서는 가격 선택 결정과 시점 선택 결정이 이루어진다. 양자 간에는 가격 선택이 중심이 되어야 하며, 지나친 예민함은 해가 될 수 있다. 작은 호가 차이에 연연하다 큰 기회를 놓치는 사례는 필립 피셔(Philip Arthur Fisher)의 책에서 여러 번 강조되었다.

여러분이 운이 나빠서 1970년부터 1994년까지 연중 최고점에서 2,000달러를 매년 투자했다면 연간 투자수익률은 8.5%를 기록했을 것이다. 반대로 여러분이 완벽하게 시장 타이밍을 맞춰 연중 최저점에서 해마다 2,000달러를 투자했다면 연간 수익률은 10.1%가 되는 것으로 나타났다. 결국 완벽한 시장 타이밍과 억세게 운이 없는 타이밍의 수익률 차이는 연간 1.6%에 불과했다(Lynch and Rothchild, 1997).[9]

성장투자자인 피셔는 매수 시점 선택의 의미를 설명했다.[10]

8 역서(이주영, 2018) 인용

9 역서(고영태, 2021) 인용

10 "자신이 알고 있는 기업의 특별한 사정이 자신의 투자 기회를 보장하고 있다고 판단될 때가 투자의 적기다." 성장주 매수 시점이라는 관점에서는, 최초의 상업적 대규모 생산이 본격화하는 순간이 최적 시점이다(Fisher, 2003).

1929년 대공황(Great Depression) 직전 아무리 훌륭한 기업을 찾아 주식을 매수하고 20여 년을 보유했더라도 수익률은 형편없었을 것이기 때문이다. 그러나 거시적 경제 예측에 기반하는 시점 선택은 사실상 불가능하다고 지적했다. 경기 흐름에 더해 금리 흐름, 정책 방향, 인플레이션 추세, 새로운 기술과 발명이라는 5가지 강력한 힘을 고려해야 한다(Fisher, 2003). 7장에서 살펴본 사이클에 대한 이해의 중요성을 다시 확인한다.

## 저가 매수

투자 실행은 매수(buy)와 매도(sell)로 이루어진다.

피셔는 매도의 이유가 3가지밖에 없다고 단정했다(Fisher, 2003).

첫째, 매수 시점의 실수를 인식한 때, 감정을 다스리고 기술과 지식에 기초한 판단력으로 매도를 결정해야 한다.
둘째, 매수 시점에서는 우수한 자산이었더라도 경쟁력을 상실하면 매도해야 한다.
셋째, 더 좋은 자산을 발견하면 세밀한 주의와 총체적 점검 후 매도를 고민한다.

투자 실행의 핵심은 '저가 매수'다.

올바른 매수는 장기 보유를 의미하므로 매도는 중요하지 않을 수 있다(Fisher, 2003).[11]

매도보다 매수를 중시하는 투자 격언이 많다.

"잘 사면 절반은 판 것이다(Well bought is half sold)(Marks, 2013)"라는 말은 매수의 중요성을 강조한다. 매도할 때의 실수로 생기는 손실은 '기대수익 손실'이지만 매수할 때의 실수로 생기는 손실은 '회복할 수 없는 손실'이기 때문이다(박영옥, 2021). "향수가 아니라 식료품을 사듯이 주식을 사야 한다(Graham, 2003)"라는 말은 이 회복할 수 없는 손실을 피하려면 매수 가격에 집중하라는 뜻이다.

> 주식은 가능한 한 저가에 매수해야 한다. (…) 기업이 다시 시장의 인정을 받기까지의 긴 시간 동안 주가가 횡보하거나 하락해도 신념을 갖고 기다릴 수 있다. 투자를 지속할 수 있는 심적 지지선이 되어주는 것이다. (…) 기업을 싸게 사는 방법은 긴 시간에 걸쳐 서서히 분할 매수하는 것이다. (…) 버는 것도 중요하지만 잃지 않는 것이 더 중요하다(박영옥, 2021).

투자자가 바르게 선택하고도 불안감으로 어리석은 매도를 할 수도 있으므로, 저가 매수는 안정감을 부여한다는 면에서도 매

11 아들 케네스 피셔(Kenneth Lawrence Fisher, 1950~)의 서문

우 중요하다. "빚을 지지 않은 사람만이 자기 생각에 온전히 따를 수 있다(앙드레 코스톨라니, 정진상 옮김, 2017)"라는 말로 과도한 레버리지를 경계하는 것도 같은 맥락이다.

우량 자산 발견이 성공적인 투자를 보장하지 않는다. 엉터리 매수 가격은 우량 자산 탐색을 헛되이 만든다.

"내가 지급하는 가격과 내가 수취하는 가치를 비교하는 습관은 투자에서 더없이 유용한 특성이다(Graham, 2003)."

## 권고사항

벤저민 그레이엄(Benjamin Graham)이 제시한 투자의 4원칙은 다음과 같다(Graham, 2003).

원칙 1: 사업을 제대로 파악한다.
원칙 2: 정직하고 능력 있는 대리인을 감독할 수 있을 때만 위임한다.
원칙 3: 합당한 이익을 기대할 수 있는 확실한 계산이 나오기 전에는 투자하지 않는다.
원칙 4: 용기 있게 자신의 지식과 경험을 활용한다.

그레이엄은 '현명한 투자자(intelligent investor)'를 주식을 기업의 소유권으로 인식하고 '사업가처럼 투자하는 자(enterprising investor)'로 정의했다.

앙드레 코스톨라니(André Kostolany)는 투자자에게 다음 사항을 권한다(앙드레 코스톨라니, 김재경 옮김, 2021).

1. 매입 시기라고 생각되면 어느 업종의 주식을 매입할 것인지를 결정하라.
2. 압박감에 시달리지 않도록 충분한 돈을 가지고 행동하라.
3. 모든 일이 생각과 다르게 진행될 수 있다는 것을 명심하라. 그리고 반드시 인내하라.
4. 확신이 있으면, 강하고 고집스럽게 밀어붙여라.
5. 유연하게 행동하고, 자기 생각이 잘못될 수 있음을 인정하라.
6. 완전히 새로운 상황이 전개되면 즉시 팔아라.
7. 때때로 자신이 보유한 종목의 리스트를 보고 지금이라도 역시 샀을 것인지 검토하라.
8. 대단한 가능성을 예견할 수 있을 때만 사라.
9. 계속해서 예측할 수 없는 위험 역시 항상 염두에 두라.
10. 자신의 주장이 옳더라도 겸손하라.

월 스트리트(Wall Street)에서 워런 버핏(Warren Buffet)과 함께 10년 이상 시장을 이긴(beating the market) 단 2명의 투자자 중 한 사람인 피터 린치(Peter Lynch)의 조언을 들어보자(Lynch and

Rothchild, 1997).



첫째, 가능하다면 주식에 투자하라.

둘째, 기업이 별문제 없다면 주식을 팔지 말고 계속 보유해라.

장기투자가 정답이다. 예측할 수 없는 시세 상승에 편승해서 최대 이익을 거둘 수 있다.

애즈워스 다모다란(Aseath Damodaran)은 투자자를 위한 10가지 교훈을 제시했다(Damodaran, 2004).

1. 많은 것이 변할수록 많은 것은 변하지 않는다.
   새로운 투자 전략이라고 하는 것이 이름만 바꾼 낡은 것인 경우가 많다.
2. 확실한 수익을 원한다면 주식에 투자하지 마라.
   아무리 정교한 전략이라 하더라도 예상치 못한 사건이 계획을 어긋나게 할 수 있다.
3. 고통이 없으면 이익도 없다.
   고수익 전략에서 위험이 보이지 않는다면 충분히 살펴보지 않은 것이다.
4. 기본에 충실해라.
   돈을 벌지 못하는 기업의 주식은 재앙을 부른다.
5. 싸 보이는 주식은 그럴만한 이유가 있다.

가격이 싸다고 언제나 좋은 거래는 아니다.

6. 모든 자산에는 가격이 있다.
   좋은 기업의 주식이 좋은 주식은 아닐 수 있다.
7. 숫자는 속일 수 있다.
   장기간에 걸친 세심한 연구라 하더라도 그 결론은 확률적이다.
8. 시장을 존중하라.
   시장이 틀릴 수 있지만 맞을 때가 더 많다.
9. 자신을 알라.
   모든 투자자에게 적합한 최고의 투자 전략은 없다.
10. (최소한 단기적으로는) 운이 기술을 압도한다.
    무작위성의 결정력이 생각보다 크다.

다모다란은 '기본을 기억하라'고 말한다. 기업가치는 보유 자산에서 창출할 수 있는 현금흐름의 크기, 향후 증가할 현금흐름, 수반하는 불확실성의 함수다. 모든 투자 전략은 시장에 대항한 베팅이다. 시장의 오류를 찾아야 하지만, 시장을 존중하는 신중함에서 출발해야 한다. 행운을 만들 수는 없지만, 행운이 노크할 때 응답하기 위해서는 준비되어 있어야 한다.

박영옥은 실패하지 않는 주식투자의 3요소로 ① 자신이 투자한 기업을 자기 회사라고 여기는 주인 정신, ② 자신이 투자한 회사와 끊임없는 동행과 소통, ③ 여윳돈으로 시간을 두고 하는 투자로 제시했다. 주식 농부의 투자 십계명은 다음과 같다(박영옥, 2021).

1계명. 투자자의 시선을 가져라.
2계명. 부화뇌동하지 마라.
3계명. 아는 범위에서 투자하라.
4계명. 투자의 대상은 기업이다.
5계명. 주주는 기업의 주인이다.
6계명. 투자한 기업과 동행하며 소통하라.
7계명. 기업의 성장주기에 투자하라.
8계명. 주식투자는 농사다.
9계명. 투자 기회는 항상 있다.
10계명. 올바른 마음으로 크게 생각하라.

박영옥은 자신을 '주식 농부', 투자 방식을 '농심 투자'로 부른다. 삶을 윤택하게 만들어주는 기업을 찾아 소액 매수로 시작한 후 학습하고 관찰한다. 탐욕과 공포로부터 자신을 지키는 '담대한 마음'으로 확신을 다지면 실패하지 않는다.

### 주의사항

"다른 분야에서는 열정이 성공의 열쇠가 될지 몰라도, 투자

 에서는 열정이 거의 틀림없이 재난을 부른다(Graham, 2003).”[12]

코스톨라니는 투자자에게 10가지 금기사항을 제시했다(앙드레 코스톨라니, 김재경 옮김, 2021).

1. 추천 종목을 따르지 말고, 비밀스러운 소문에 귀 기울이지 마라.
2. 파는 사람이 왜 파는지, 혹은 사는 사람이 왜 사는지를 스스로 알고 있다고 생각하지 마라. 또한 다른 사람들이 더 많이 알고 있다고 생각하고 그들의 말에 귀 기울이지 마라.
3. 손실을 다시 회복하려고 하지 마라.
4. 지난 시세에 연연하지 마라.
5. 주식을 사고 언젠가 주가가 오를 것이라는 희망으로 그 주식을 잊고 지내지 마라.
6. 시세 변화에 민감하게 반응하지 마라.
7. 어디서 이익 혹은 손실이 있었는지 계속해서 계산하지 마라.
8. 단기 수익을 위해서 팔지 마라.
9. 정치적 성향에 의해 심리적 영향을 받지 마라.
10. 이익을 봤다고 교만해지지 마라.

12 역서(이건, 2020) 인용

피셔는 투자자가 피해야 할 잘못 10가지를 정리했다(Fisher, 2003).

1. 광고하는 주식을 매수하지 마라.
2. 장외주식이라는 이유만으로 무시하지 마라.
3. 사업보고서의 논조(tone)에 현혹되어 주식을 매수하지 마라.
4. PER이 높다고 하더라도 반드시 추가적인 이익 성장이 주가에 반영되었다고 속단하지 마라.
5. 매수 가격의 작은 차이에 너무 연연하지 마라.
6. 너무 과도한 분산투자를 피해라.
7. 전쟁 우려로 매수를 피하지 마라.
8. 관련 없는 통계치는 무시해라.
9. 성장주를 매수하더라도 주가뿐 아니라 시점도 중요하다.
10. 군중을 따르지 마라.

이 장의 1절을 보면 PER의 변덕스러움을 알 수 있다. PER은 신중한 취급이 필요한 지표다. 분산투자의 압박에 분석하지 않은 주식을 매수하는 우를 범하면 안 된다. 관련 없는 통계치를 무시하라는 말은 중요하지 않은 사실에 현혹되지 말라는 뜻이다.

린치가 지적한 투자자의 가장 큰 실수는 '위험 경시'다. 투자자는 모든 사람이 이야기하는, 세계평화와 같은, '중대한' 문제에 집중한다. 하지만 자신이 투자한 기업을 흥하게 하거나 망하게 할 수 있는 '사소한' 문제점은 간과한다(Lynch and Rothchild, 1997).

지식과 판단력이 충분할 때만 용기가 장점이 된다(Graham, 2003). 투자 전략을 점검하고 확신이 들면 열정을 끌어내라.

다음 장에서는…

이제 긴 여정의 끝자락에 다다랐다. 투자를 위한 현명함이 손에 잡히는가?

마지막으로 10장에서 당신의 투자 철학에 깊이를 더하고 투자 마인드를 견고하게 확보하기를 바란다.

10장

# 투자 철학

Investing Mind

우리를 곤경에 빠뜨리는 것은
확실하다고 생각하는 것이 사실이 아닌 경우다.

**벤저민 그레이엄**

영리하게 할 수 있는 일이 없을 때
영리해지려고 노력하는 것이 바로 실수라는 사실을 명심해라

**하워드 막스**

시대를 지나치게 앞서는 것은 틀린 것과 다르지 않다.
Being too far ahead of your time is indistinguishable from being wrong.

투자 철학은 다양한 방식으로 구현된다. 포트폴리오 구축 결과는 투자자의 철학을 나타낸다. '어떻게 수익을 내는가에 대한 가치관(서준식, 2020)', '시장의 작동 원리와 투자자들의 실수를 바라보는 일관된 사고방식(Damodaran, 2004)'이 투자 철학이다.

투자 철학은 자산의 가격 상승이 예측되면 매수하고 가격 하락이 예측되면 매도하는 '가격 전망 투자'와 내재가치 분석 후 가격이 내재가치보다 싸면 매수하고 비싸면 매도하는 '가치분석 투자'로 나눌 수 있다. 투기도 가격 전망 투자에 포함할 수 있다(서준식, 2020).

경제학, 금융학, 회계학에 대한 지식은 투자 철학의 기초를 제공하고, 새로운 투자 아이디어는 대부분 읽은 것에서 비롯된다. 그러므로 '읽기'는 투자 철학의 기본 요소다. "나의 투자 철학 가운데 가장 중요한 기본 요소 하나는 경제나 시장, 지정학 같은 분야에서 어떤 일이 일어날지 '거시적 미래(macro future)'를 결코 알 수 없다는 확신이다. 예측은 우리가 다른 사람들보다 더 잘 알 때만 뛰어난 성과로 이어진다." 예측(forecast)에 의존하는 태도는 위험하다. 다른 사람들보다 미래에 대해 더 많이 알 수 있는 사람은 거의 없기 때문이다(Marks, 2018).

피터 린치(Peter Lynch)는 미래를 예측하여 투자하고 부를 이룬 사람을 단 한 명도 본 적이 없다고 했다(Lynch and Rothchild, 1994).

"어떤 투자 방식이든 그것이 엄격한 훈련을 통해 수립된 것이라면, 먼저 왜 그 같은 투자 방식을 고안하게 됐는가를 분명히 알아야 투자 방식의 진정한 의미를 이해할 수 있다." 투자 철학은 하루아침에 확립되지 않는다. 논리적 사고와 사례 관찰을 통해 깨닫는다(필립 피셔, 박정태 옮김, 2005b).

'현명한 투자자', '소신파 투자자', '보수적 투자자'가 되는 과정에서 경험을 대체할 수 있는 것은 없다. 동료들과의 아이디어 교환은 투자자의 성장에 값진 동력원을 부여한다.

최종 결정에는 주관적 판단이 개입된다. 이것이 투자 철학이다. 탐색과 학습은 주관적 판단에 확신을 더한다.

투자 철학과 투자 전략의 유기적 연결이 훌륭한 투자를 낳는다.

10.1

# 투자

**투자는 나쁜 카드로 적게 잃고 좋은 카드로 많이 버는 포커 게임(앙드레 코스톨라니, 김재경 옮김, 2021) 또는 복권과 비슷하다 (Marks, 2013; Marks, 2018).**

투자는 복권과 비슷하다. 둘 다 커다란 주머니(가능한 결과의 전체 범위)에서 공(결과)을 뽑아 당첨자를 결정한다. 하나의 결과는 매번 여러 가능성 사이에서 선택된다.

뛰어난 투자자는 주머니에 어떤 공들이 들어 있고, 따라서 참여할 가치가 있는지를 판단하는 감각이 좋은 사람이다. 즉, 훌륭한 투자자는 다른 사람들처럼 미래에 무슨 일이 일어날지 정확히 알지는 못해도 미래의 경향에 대해 평균 이상의 이해를 하고

있다.[1]

투자의 본질은 성취하고자 하는 것이 무엇인가에 달려 있다. 지수 펀드(index fund)에 투자하면 시장만큼의 성과를 얻을 수 있다. 그러나 대부분 시장을 이기고 싶어 한다.

투자자는 미래에 일어날 사건들로 인해 이익을 기대할 수 있는 현재의 포트폴리오를 만든다. 그러므로 투자란 미래에 대비해 미리 준비하고 대응하는 것으로 볼 수 있다(Marks, 2018).

## 원칙

투자의 첫 번째 목표는 인플레이션을 앞지르는 것이다(Lynch and Rothchild, 1997). 수익 실현은 가능하지만, 손실은 피할 수 없는 것이다(앙드레 코스톨라니, 김재경 옮김, 2021).

지적 능력이 아니라 원칙과 규율(discipline)이 훌륭한 투자자를 가리는 기준이다(Lynch and Rothchild, 1997). 적절한 투자 기질을 갖추는 것이 회계, 재무, 경제에 대한 지식보다 중요하다(Graham, 2003). "주식투자자의 운명을 결정하는 것은 머리(head)가 아니라 배짱(stomach)이다. 겁 많은 투자자는 아무리 머리가 좋아도 불길한 운명을 예고하고 다니는 사람들의 말에 넘어가 주식시

1 역서(김경미, 2012; 이주영, 2018) 인용

장에서 도망쳐 나온다(Lynch and Rothchild, 1997)."



## 시간

투자는 젊은 사람에게 유리하다. '시간이 돈이다(Time is money)'라는 격언은 '시간이 돈을 번다(Time makes money)'로 바꿔야 한다. 20년 정도의 장기투자라면, 역사적으로 볼 때 가장 심각했던 조정을 겪고도 수익을 낼 수 있다(Lynch and Rothchild, 1997). 젊은 시절에 지출하고 노년에 벌어들이는 것이 투자다(앙드레 코스톨라니, 최병연 옮김, 2018). 따뜻한 노후를 보내고 싶다면 기업과 시간에 투자하면 된다(박영옥, 2021). "주식투자는 시간과 동맹을 맺는 싸움이다. 짧게 대하면 시간은 적이 되고 길게 대하면 시간은 우군이 되어준다."[2]

투자자의 시선으로 세상을 본다는 것은 누가 사회적 부를 가져가는지를 간파하는 것이다. 기업에 투자하는 것이 합리적 선택이다. 주가 상승은 기업의 노력이 시장에서 인정받는다는 의미다. 기업의 노력이 인정받는 것도 때로는 긴 시간이 필요하므로 투자자는 그동안 치열한 노동을 해야 한다. 그러므로 투자수익은 절대 불로소득이 아니다(박영옥, 2021).

2 스콧 갤러웨이(Scott Galloway, 1964~ ), 재인용(박영옥, 2021)

앙드레 코스톨라리(André Kostolsny)는 우량주에 투자하고 수면제를 먹고 몇 년 푹 자고 일어나면 부자가 될 수 있다고 했다. "주식시장에서는 더 잘 보기 위해 두 눈을 감아야 할 때가 자주 있다(앙드레 코스톨라니, 최병연 옮김, 2018)."

## 인내심

투자에 성공하려면 인내(patience)가 필요하다. 먼 훗날 시세가 어떨지를 아는 것이 다음 주의 시세를 예측하는 것보다 쉽다. 투자시장–특히 주식시장–은 '현혹의 속성(deceptive nature)'을 갖는다(Fisher, 2003). "주식투자는 발견의 미학이고 시간이 돈이 되는 인내의 미학이다. 주식투자는 어쩌면 좋은 기업(의 지분)을 안 파는 기술인지도 모른다(박영옥, 2021)."

우량주 매입 후 충분히 타당한 이유가 없다면, 팔지 말고 보유하라(Lynch and Rothchild, 1997).

사람들은 또 폭락이나 조정을 받을 때 주식에 투자하는 것은 위험하다고 생각한다. 그러나 이 시기에 주식을 파는 것이 위험한 행동이다. 이들은 주가가 가파르게 상승하는 얼마 안 되는 짧은 시간에 주식에 투자할 기회를 놓치는 위험을 안고 있다고 할 수 있다. 주식시장에 장기적으로 투자하고 있어야 시장이 최대의 수익을 올리는 예측 불가능한 상승세에 편승해 이익을 충분히 거둘 수 있다.

(…)

1954년부터 1994년까지 50년 동안 S&P 지수의 수익률을 분석한 결과를 보면, 주가가 가장 크게 상승하는 짧은 기간 동안 주식투자를 하지 않는 것이 얼마나 손해가 되는지를 알 수 있다. 지난 40년 동안 주식에 돈을 묻어두었다면 연간 환산 수익률은 11.5%를 기록했을 것이다. 그러나 지난 40년 동안 주가가 가장 많이 오른 40개월 동안 주식투자를 하지 않았다면 연간 수익률은 2.7%로 크게 떨어지는 것으로 나타났다.[3]

수많은 투자자가 서로 다른 가치 기준을 가지고 거래하다 보니 가격 변동성은 심할 수밖에 없다(박영옥, 2021). "확실한 미래가 보장된 주식을 갖고 있는 상황에서 단기적인 주가의 등락을 무시하면 그 보답을 받을 것이다(필립 피셔, 박정태 옮김, 2005)."

3 역서(고영태, 2021) 인용

10.2

# 리스크

리스크, 리스크와 수익률의 상반관계 같은 개념을 즉각적으로 '받아들이는(get)' 사람들은 대개 뛰어난 투자자가 되는 데 필요한 직관을 지니고 있다고 할 수 있다(Marks, 2018).

## 미지

"우리는 우리가 모른다는 사실을 모른다. 반지식(anti-knowledge)-우리가 모르는 것-에 초점을 맞추면 얻을 수 있는 것이 많다(Taleb, 2007)."

주식투자는 기업의 미래를 보고 하는 것이니 어떤 선택도 100퍼센트 확실하다고 장담할 수 없다. 그러나 당신 스스로 90퍼센트 정도까지는 확신할 수 있어야 한다. 나머지 10퍼센트는 투자를 한 뒤 그 기업과 동행하고 소통하면서 꾸준히 관찰하고 분석해야 하는 합리적 의심의 영역이다(박영옥, 2021).

**리스크 판단은 투자자 각자의 견해일 뿐이다. 정확한 계량적 기준은 존재하지 않고, 계량적 측정치를 과신하면 안 된다.**

## 용기

**"리스크란 일어날 일보다 더 많은 일이 일어날 수 있음을 의미한다."[4]**

발생 가능성이 가장 높은 일은 맨 처음 그 발생 가능성을 보인 후 오랜 시간이 지나도록 일어나지 않을 수 있다. 이 사실에서 위험이 비롯된다. 우리는 이 위험에 대해 포트폴리오를 보호해야 한다. 타당한 결론에 도달하는 것과 그것이 옳다고 입증되는 것-발생확률이 높은 일을 아는 것과 그것이 실제로 발생하는 것-사이의 잠재적으로 긴 시간 차이를 극복할 수 있도록 감정적으로 강해져야 한다(Marks, 2018).[5]

4 "Risk means more things happen than will happen(Elroy Dimson, 1946~)." 재인용(Marks, 2013)

5 역서(이주영, 2018) 인용

투자에서는 서로 구별하기 곤란한 운(luck) 또는 예리한 판단(shrewd decision) 하나가 결정적으로 중요할 수 있다. 하지만 이전에 준비된 인재가 되어야 한다. 널리 인정받는 저명인사가 되어야만 행운의 노크를 받을 수 있기 때문이다. 기회를 잡으려면 돈, 판단력, 용기가 있어야 한다(Graham, 2003).

## 대비

리스크는 상황이 잘못되면 손실이 일어날 가능성이다. 부정적 상황의 발생이 리스크를 손실로 연결한다(Marks, 2013). 어떤 사건이 발생하는 이유는 바로 그 사건이 일어날 리 없다고 생각했기 때문이다(Taleb, 2007). 미지의 사실에 대해 겸손해야 한다.

"주가 폭락은 갑작스럽게, 그리고 신들의 복수와도 같이 격렬하게 오지만, 시세가 상승할 때는 부드럽기가 그지없다(앙드레 코스톨라니, 정진상 옮김, 2017)." 새로 닥친 위기는 항상 이전의 위기보다 더 심각해 보이므로 악재를 무시하기는 어렵다(Lynch and Rothchild, 1994). 냉정한 판단이 필요하다.

리스크-수익(률)의 상반관계를 재고하자. 위험해 보이는 투자 대안은 더 높은 수익률을 약속하는 것처럼 '보여야(seem, appear)' 한다. 그렇지 않으면 아무도 투자하지 않을 것이기 때문이다(Marks, 2018). 높은 기대수익률에 현혹되지 말아야 한다.

"인생이란 한 줌에 불과한 의미심장한 사건들이 몰고 온 파장이 쌓인 결과다(Taleb, 2007)."

"리스크는 전가될 뿐 제거되지 않는다(Kahn and Parra, 2003)."

10.3

## 사이클

매도자보다 매수자가 더 강한 물질적 또는 심리적 압박 상태에 있을 때만 시세는 상승한다(앙드레 코스톨라니, 정진상 옮김, 2017).

시세가 상승하는 증권시장에서 거래량이 늘어나면 늘어날수록 더욱더 많은 주식이 '큰 손'에서 '작은 손'으로 가게 된다. 즉, 심리적으로 안정된 증권시장 참여자들로부터 심리적으로 흔들리는 증권시장 참여자에게로 옮겨가는 것이다. 그리하여 모든 주식이 작은 손들 속에 머물러 있게 되면, 주가 폭락은 곧바로 눈앞에 닥쳐오게 된다.

대중의 심리적 반응의 강도는 단지 시장의 이러한 '기술적 심상 상태'에 달려 있다고 나는 확신한다.

불황은 호황의 소산이다. 불황의 원인은 반락(反落)이 시작된 특정 사건 때문이 아니라, 이전의 호황으로 인한 과열 때문이라는 분석이 더 정확하다. "하락 후 시장을 탈출해서 사이클 반등에 참여하지 못하는 것은 투자에서 가장 치명적인 죄악이다(Marks, 2018)."[6]

사이클을 들어라!

6 역서(이주영, 2018) 인용

10.4

# 투자 심리

'사건'들이 시세에 영향을 주는 것이 아니라, 사건에 대한 투자자들의 '반응'이, 다음과 같이, 시세에 영향을 준다(앙드레 코스톨라니, 정진상 옮김, 2017).

증권시장은 오늘날에도 여전히 불투명하다고 흔히들 말한다. 그러나 만약 증권시장이 투명하다면 그것은 더 이상 증권시장이 아니다. 투자자들 스스로가 쓸데없는 수다로 혼탁하게 만들고, 그 혼탁한 물에서 낚시질한다. 매스컴들은 그러한 '증권시장의 가르침'을 널리 퍼뜨린다. 언론의 보도와 해설에는 온통 혼란만이 가득하다. 그리하여 대개는 주가지수가 먼저 변하고, 급히 만들어낸 이유들이 그 뒤를 따르게 된다.

(…)

설명은 언제나 나중에 따라온다. 증권시장 또는 외환시장의 시세는 오르락내리락하며 움직인다. 그런 뒤에 수많은 참여자, 즉 투자자, 투자 자문가, 그리고 분석가들은 서로 정반대의 주장들로 왜 그렇게 되어야만 했던 가에 대해서 아주 그럴듯한 설명을 내놓는다. 시세가 먼저 뉴스를 만든다. 그러고 나서 뉴스가 퍼진다. 뉴스가 시세의 움직임을 만드는 것이 아니다.

국제적인 상황의 전개가 시세에 영향을 미치는 것도 투자심리와 관련된다. 국제 정세가 긴장 상태인가, 평화 상태인가는 대중의 심리에 큰 영향을 미치기 때문이다(앙드레 코스톨라니, 최병연 옮김, 2018).

투자는, 인간의 욕심과 낙관적 경향 때문에 긍정적인 면에 방점을 두고, '지나친 일반화(gross generalization)'와 '포괄적 진술(sweeping statement)'의 대상이 된다(Marks, 2018). 거품이 발생하는 시기에는 대세 상승(market momentum)의 열풍이 가치와 적정가가 있던 자리를 차지하고, 탐욕은 (다른 사람들이 쉽게 돈을 버는 것 같은 모습을 그냥 보고만 있어야 했던 고통도) 투자자의 분별력을 흐린다(Marks, 2013).

10.5

# 투자 전략

투자자는 심사숙고하는 지성인이다.

투자자의 지적 노력(intelligent effort)에 비례하여 목표 수익률을 설정해야 한다. 목표 수익률과 종목 선택은 투자자의 경험, 기질, 지식에 따라 결정해야 한다(Graham, 2003).

투자 전략은 직관적이고 유연해야 한다. 투자에 있어 항상 효과를 발휘하는 것은 없다. 환경은 계속 변하고, 환경에 대응하려는 투자자들의 노력이 환경을 더욱 변화시키기 때문이다(Marks, 2018).

## 경제

경제는 사람의 몸, 금융정책은 사람의 생활방식에 해당한다. 경제가 튼튼하면 금융정책이 잘못되었을 때 어려움에 빠지기는 하겠지만 황폐화하지는 않는다. 그러나 엄격하고 견고한 금융정책으로도 약한 경제를 번창하게 만들 수는 없다(앙드레 코스톨라니, 최병연 옮김, 2018). "거시 경제지표는 대응해야 할 조건이 아니고, 해쳐나가야 할 변수다(박영옥, 2021)."

주식시장을 경제의 온도계라고 하는 사람이 많지만, 주식시장은 현재 상황도 다가올 미래의 경제 흐름도 보여주지 못한다(앙드레 코스톨라니, 김재경 옮김, 2021). 시세의 변동은 심리의 반영이기 때문이다. 심리를 제외한다면, 증권시장의 중기적 추세에 대한 결정적 요소는 금리다. 금리는 증권시장에서 수요와 공급 중 어느 쪽이 강화될지를 결정하기 때문이다(앙드레 코스톨라니, 정진상 옮김, 20171). 물가상승기에 시세가 하락한다면 이는 인플레이션 자체 때문이 아니다. 인플레이션을 억제하기 위한 정책, 금리상승과 엄격한 대출 제한이 직접적 원인이다(앙드레 코스톨라니, 최병연 옮김, 2018).

## 윤리

앞으로는 가치주, 성장주와 같은 구분 기준은 크게 의미가 없어질 것이다. 기업의 체질과 체력이 경영관에 따라 탈바꿈되는 시대이기 때문이다(박영옥, 2021).

전통적인 투자의 3요소가 자본, 토지, 노동이었다면, 이제는 기술, 윤리 쪽으로 그 무게중심이 옮겨가고 있다.

수많은 이들이 지식과 정보를 공유하는 시대가 되면서, 어떤 기업이 고객의 선택을 받을지에 대한 기준이 이전보다 훨씬 분명하고 투명해졌다. 그런 만큼 팬덤을 확보하고 유지하는 역량을 가진 기업은 한 산업만이 아니라 여러 산업에 걸쳐 시장지배력을 공고히 하면서 다른 기업이 진입하기 어려운 해자(垓字)를 강력히 두르게 된다. 새로운 의미의 승자독식 메커니즘이 공고히 형성되는 것이다. 사람들이 열광할 만한 힘과 저력을 가진 기업, 공유와 협업의 열린 마인드로 변신하는 기업을 찾아낸다면, 그들의 무한한 성장 가능성이 투자 성공으로 이어질 것이다. 이는 어떤 측량 도구로도 측정할 수 없다.

기업과 사회의 지속가능성(sustatinability), 지속가능발전(sustainable development)의 중요성에 대한 인식이 강화되고 있다. 국내에서는 탄소중립(carbon neutrality, Net-Zero)과 ESG(Environment, Social, Governance)에 관한 관심이 고조되고 있다(김동옥, 2022). 사회적 책임(social responsibility)을 다하는 기업에 관심을 두어야 한다.

## 노력

"진정한 투자자는 주식 매도를 강요당하는 일이 없으며, 현재 주가를 무시할 수 있다. 필요할 때만 주가를 확인하고 이용하면 된다(Graham, 2003)."

투자에는 '겸손(humility)과 확신(confidence) 사이의 복잡한 관계'가 있다(Marks, 2013).

가치평가에 대해 정확한 의견이 있으되, 그에 대한 신념이 약하면 큰 도움이 안 된다. 한편 가치평가에 대해 정확하지 않은 의견을 갖고 있으면서 그에 대한 신념이 확고하면 문제는 훨씬 더 심각해진다. 정확한 판단과 그에 맞는 신념의 결합이 얼마나 어려운지를 보여주는 대목이다.[7]

성공적 투자의 3요소는 공격성(aggressiveness), 기술(skill), 타이밍(timing)이다. "만약 적절한 시기에 충분히 공격적이라면, 그렇게 많은 기술이 필요하지 않다(Marks, 2018)."[8] 그러나 적절한 시기를 찾기는 매우 어렵다, 늦어도 안 되지만 너무 빨라도 문제다. "만약 어떤 사람이 다른 사람들보다 24시간 먼저 옳다면, 그는 그 24

7 역서(김경미, 2012) 인용

8 역서(이주영, 2018) 인용

시간 동안 다른 사람들에 의해 어리석다고 여겨진다."[9] "사회적 통념의 눈으로 봤을 때는 완전히 경솔해 보이는 불편하게 색다른 포트폴리오"[10]의 구성은 심사숙고의 산물이다. "붐비지 않는 분야에 투자하면 큰 이점이 있다. 모두가 돈을 쏟아붓는 분야에 동참하는 것은 재앙을 만드는 공식이다(Marks, 2018)."[11]

시간과 지식의 투입이 곤란한 투자자라면 펀드 투자를 고려할 수 있다. "주식형 펀드는 주식투자는 하고 싶지만 직접 분석하고 연구하기 어려운 사람들이 선택할 수 있는 완벽한 해결책이다(Lynch and Rothchild, 1994)." 하지만 펀드 투자를 위해서도 직접 투자할 때 못지않게 노력이 필요하다는 점을 잊지 말아야 한다.

"매수할 때는 낭만적이어야 하고, 매도할 때는 현실적이어야 한다(앙드레 코스톨라니, 최병연 옮김, 2018)."

깊이 생각하고, 선택의 결과에 책임져라.

9 프랑스인 저술가 앙투안 드 리바롤(Antoine de Rivarol, 1753~1801), 재인용(앙드레 코스톨라니, 정진상 옮김, 2017)

10 데이비드 스웬슨(David Frederick Swenson, 1954~2021), 재인용(Marks, 2018)

11 역서(이주영, 2018) 인용

투자 마인드를 갖추기 위한 여정의 종점에 다다랐습니다.

'투자란 무엇인가?'라는 질문으로 시작하여 투자 철학을 정리하며 마쳤습니다. 리스크에 대한 철학적 고찰과 투자 심리를 깊이 파헤친 것이 이 책의 특장점입니다. 투자 대가들의 전략 또한 살펴보았습니다. 주류 투자 이론의 언어와 투자 사이클에 대한 이해를 추가하여 자신만의 훌륭한 투자 전략을 수립하기 바랍니다.

금융, 경제, 투자에 대한 올바른 이해를 기반으로 현명한 의사결정의 주체가 되어 경제적 · 정치적 자유인으로 거듭나면 좋겠습니다. 이론적 바탕 위에 실천을 더한다면 성공적 변혁을 이룰 수 있습니다.[1]

선택의 순간에 정의로운 길과 (최소한 단기적으로는) 이로운 (또는 이롭게 보이는) 길이 다른 경우를 만나게 됩니다. 손해를 감수

1 "이론적인 무지를 바탕으로 한 실천은 결코 변혁이 될 수 없다(가라타니 고진, 김경원 옮김, 2010)."

하고도 정의로운 선택을 하는 것이 종국에는 이롭다고 강하게 믿습니다. 부끄러운 행동을 피하려 불편을 겪는 시간에 이 책을 쓰면서 그 시간을 이겨낼 수 있었습니다.

어려운 시기에 적과 친구를 구별할 수 있습니다. 선한 이들과 함께 옳은 선택을 하며, 오랫동안 독자들과 호흡할 수 있기를 소망합니다.

# 참고문헌


권성일, 2005, 기업금융설계와 위험분석(제2판). 한국금융연수원, 서울.

김동옥, 2014a, "금융산업 구조조정과 금융기관 위기대응력 연구", 상업교육연구 28(2), pp.99-120.

김동옥, 2014b, "프로젝트 파이낸스 연구동향 분석", 상업교육연구 28(3), pp.283-306.

김동옥, 2014d, "금융자격과 금융교육: 공인회계사 재무관리 시험과목 분석", 상업교육연구 28(5), pp.115-134.

김동옥, 2015, "국내 민간투자사업 연구논문 분석", 상업교육연구 29(3), pp.167-189.

김동옥, 2021, 파이낸셜 마인드: 한국인의 금융원론. 두앤북, 경기.

김동옥, 2022, 이코노믹 마인드: 한국인의 경제원론. 두앤북, 경기.

김동옥·양철원, 2013, "한국 금융기관의 위기대응력에 대한 연구", 기업경영연구 20(6), pp.131-152.

박영옥, 2021, 주식투자 절대 원칙. 센시오. 서울.

서준식, 2020, 투자자의 인문학 서재. 한스미디어, 서울.

신민철, 2007, 사회연구방법의 기초. 창민사, 서울.

양철원·김동옥, 2015, “한국 기업의 위기대응력에 관한 연구: 비금융기업을 중심으로”, 기업경영연구 23(5), pp.109-131.

이찬근, 2011, 금융경제학 사용설명서: 금융의 탄생에서 현재의 세계금융지형까지. 부키, 서울.

임석필, 2006, 재무관리(제2판). 창민사, 서울.

임석필·이춘범·양철원, 2023, 증권투자의 이해(제13판). 창민사, 서울.

최정훈·이훈구·한종철·윤진·정찬섭, 1991, 심리학: 인간행동의 이해(중판). 법문사, 서울.

한국금융연수원, 2006a, 금융실무대사전 Ⅰ: 금융경영 · 감독. 한국금융연수원, 서울.

한국금융연수원, 2006b, 금융실무대사전 Ⅱ: 금융법률실무. 한국금융연수원, 서울.

한국금융연수원, 2006c, 금융실무대사전 Ⅲ: 외환 · 국제금융. 한국금융연수원, 서울.

한국금융연수원, 2006d, 금융실무대사전 Ⅳ: 자산운용실무. 한국금융연수원, 서울.

한국금융연수원, 2006e, 금융실무대사전 Ⅴ: 금융결제 · 전산. 한국금융연수원, 서울.

홍춘욱, 2019, 돈의 역사. 로크미디어, 서울.

Akerlof, G. A. and Shiller, R. J., 2009, Animal Spirits: How Human Psychology Drives the Economy, and Why It Matters for Global Capitalism. Princeton University Press, New Jersey.

조지 애커로프·로버트 실러 지음, 김태훈 옮김, 2009, 야성적 충동: 인간의 비이성적 심리가 경제에 미치는 영향. 랜덤하우스코리아, 서울.

Ariely, D., 2000, The Upside of Irrationality: The Unexpected Benefits of Defying Logic at Work and at Home. HarperCollins Publishers, New York.

댄 애리얼리 지음, 김원호 옮김, 2011, 경제심리학. 청림출판, 서울.

Baskin, J. B. and Miranti Jr., P. J., 1997, A History of Corporate Finance. Cambridge University Press, UK.

Beinhocker, E. D., 2006, The Origin of Wealth: Evolution, Complexity, and the Radical Remarking of Economics. Harvard Business School Press, Massachusetts.

에릭 바인하커 지음, 안현실·정성철 옮김, 2015, 부는 어디에서 오는가. 알에이치코리아, 서울.

Bodie, Z., Kane, A. and Marcus, A. J., 2008, Investments(7th Edition). McGraw-Hill, New Jersey.

Bodie, Z., Merton, R. C. and Cleeton, D. L., 2009, Financial Economics(2nd Edition). Pearson, New York.

Brealey, R. A., Myers, S. C. and Allen, F., 2006, Corporate Finance(8th Edition). McGraw-Hill, New York.

Brinson, G. P., 1991, "Determinants of Portfolio Performance Ⅱ; An Update", The Financial Analyst Journal, 47(3) pp.40-48

Buchholz, T. G., 2007, New Ideas from Dead Economists: An Introduction to Modern Economic Thought (Revised and Updated Edition). Penguin, New York.

토드 부크홀츠 지음, 이승환 옮김, 1994, 죽은 경제학자의 살아있는 아이디어. 김영사, 서울.

Chang, Ha-Joon, 2014, Economics: The User's Guide. Penguin Books, UK.

장하준 지음, 김희정 옮김, 2014, 장하준의 경제학 강의. 부키, 서울.

Chiang, A.C. and Wainwright, K., 2005, Fundament Methods of Mathmetical Economics(4th Edition). McGraw-Hill, New York.

Cooper, G., 2008, The Origin of Financial Crises: Central Banks, Credit Bubbles and the Efficient Market Fallacy. Vintage Books, New York.

조지 쿠퍼 지음, 김영배 옮김, 2009, 민스키의 눈으로 본 금융위기의 기원. 리더스하우스, 서울.

Damodaran, A., 2003, Investment Philosophies: Successful Strategies and the Investors Who Made Them Work. John Wiley & Sons, New York.

Damodaran, A., 2004, Investment Fables: Exposing the Myths of "Can't Miss" Investment Strategies. FT Press, New Jersey.

애스워드 다모다란 지음, 이건·홍진채 옮김, 2020, 투자 전략 바이블. 에프엔미디어, 서울.

Downes, J. and Goodman, J. E., 2003, Dictionary of Finance and Investment Terms(6th Edition). Barron's, New York.

Eun, C. S. and Resnick, B. G., 2009, International Financial Management(5th Edition). McGraw-Hill, New York.

Fama. E. F., 1970, "Efficient Capital Markets: A Review of Theory and Empirical Work", Journal of Finance 25(2), pp.383-417.

Ferguson, N., 2008, The Ascent of Money: A Financial History of the World. Penguin Books. New York.

니얼 퍼거슨 지음, 김선영 옮김, 2010, 금융의 지배: 세계 금융사 이야기. 민음사, 서울.

Fisher, P. A., 2003, Common Stocks and Uncommon Profits and Other Writings. Wiley, New Jersey

필립 피셔 지음, 박정태 옮김, 2005, 위대한 기업에 투자하라. 굿모닝북스, 경기.

Fitch, T. P., Kellner, I. L., and Simonsom, D. G., 2000, Dictionary of Banking Terms(4th Edition). Barron's New York.

Graham, B., 2003, The Intelligent Investor: A Book of Practical Counsel(Revised Edition). Harper Collins, New York.

벤저민 그레이엄 지음, 이건 옮김, 2020, 현명한 투자자(개정 4판). 국일미디어, 경기.

신진오, 2020, 현명한 투자자 해제. 국일미디어, 경기.

Kahn, M. F. and Parra, R. J., 2003, Financing Large Project: Using Project Finance Techniques and Practices. Pearson, Singapore.

Kahneman, D. and Tversky, A., 1979, "Prospect Theory: An Analysis of Decisions under Risk", Econometrica 47, pp.313-327.

Kahneman, D. and Tversky, A., 1984, "Choices, Values, and Frames", American Psychologist 39(4), pp.341-350.

Kahneman, D., 2011, Thinking Fast and Slow. Farrar, Straus and Giroux, New York.

대니얼 카너먼 지음, 이진원 옮김, 2012, 생각에 관한 생각: 우리의 행동을 지배하는 생각의 반란. 김영사, 서울.

Keynes, J. M., 1936, The General Theory of Employment, Interest, and Money. International Relations and Securiity Networks, Zurich.

존 메이너드 케인스 지음, 조순 옮김, 2007, 고용, 이자, 화폐의 일반이론(개역판). 비봉출판사, 서울.

Kindleberger, C. P. and Aliber, R. Z., 2011, Manias, Panics, and Crashes: A History of Financial Crises(6th Edition). Palgrave Macmillan, United Kingdom.

찰스 킨들버거·로버트 알리버 지음, 김홍식 옮김, 2006, 광기, 패닉, 붕괴: 금융위기의 역사. 굿모닝북스, 경기.

Koller, T, Goedhart, M., and Wessels, D., 2005, Valuation: Measuring and Managing The Value of Companies(4th Edition). John Wiley & Sons, New York.

Liaw, 2006, The Business of Investment Banking. John Wiley & Sons, New York.

Lynch, P. and Rothchild, J., 1994, Beating the Street. Simon & Schuster, New York.

피터 린치·존 로스차일드 지음, 이상건 옮김, 2021, 이기는 투자(개정판). 흐름출판, 서울.

Lynch, P. and Rothchild, J., 1997, Learn to Earn: A Beginner's Guide to the Basics of Investing and Business. Simon & Schuster, New York.

피터 린치·존 로스차일드 지음, 고영태 옮김, 2021, 투자 이야기(개정판). 흐름출판, 서울.

Markowitz, H., 1952, “Portfolio Selection”, Journal of Finance 7(1), pp.77-91.

Marks, H., 2013, The Most Important Thing: Uncommon Sense for the Thoughtful Investor. Columbia University Press, New York.

하워드 막스 지음, 김경미 옮김, 2012, 투자에 대한 생각. 한국물가정보, 경기

Marks, M., 2018, Mastering the Market Cycle: Getting the Odds on Your Side. Houghton Miffling Harcourt Publishing Co., New York.

하워드 막스 지음, 이주영 옮김, 2018, 투자와 마켓 사이클의 법칙. 비즈니스북스, 서울.

Minsky, H. P., 2008a, Stabilizing an Unstable Economy. McGraw-Hill, New York.

Minsky, H. P., 2008b, John Maynard Keynes. McGraw-Hill, New York.

하이먼 민스키 지음, 신희영 옮김, 2014, 케인스 혁명 다시 읽기. 후마니타스, 서울.

Mishkin, F. S. and Eakins, S. G., 2009, Financial Markets and Institutions(6th Edition). Pearson, Massachusetts.

Palepu, K. G., Healy P. M., Bernard, V. L., and Peek, E., Business Analysis and Valuation(IFRS Edition). Thomson, United Kingdom.

Shiller, R. J., 2012, Finance and the Good Society. Princeton University Press, New Jersey.

로버트 실러 지음, 노지양·조윤정 옮김, 2013, 새로운 금융시대: 개인 투자와 세계 경제의 흐름을 바꿀 금융의 미래. 알에이치코리아, 서울.

Shim, J. K. and Siegel, J. G., 2001, Dictionary of International Investment Terms. Barron's, New York.

Taleb, N. N., 1997, Fooled by Randomness: The Hidden Role of Chance in the Markets and Life. Texere, New York.

나심 니콜라스 탈레브 지음, 이건 옮김, 2016, 행운에 속지 마라(신개정판): 불확실한 시대에 살아남는 투자 생존법. 중앙북스, 서울.

Taleb, N. N., 2007, The Black Swan: The Impact of Highly Improbable. Random House, New York.

나심 니콜라스 탈레브 지음, 차익종 옮김, 2008, 블랙스완: 0.1%의 가능성이 모든 것을 바꾼다. 동녘사이언스, 경기.

Taleb, N. N., 2010, The Bed of Procrustes: Philosophical and Practical Aphorisms. Random House, New York.

나심 니콜라스 탈레브 지음, 배현 옮김, 2011, 블랙스완과 함께 가라. 동녘사이언스, 경기.

Taleb, N. N., 2012, Antifragile: Things that Gain from Disorder. Random House, New York.

나심 니콜라스 탈레브 지음, 안세민 옮김, 2013, 안티프래질: 불확실성과 충격을 성장으로 이끄는 힘. 미래엔, 서울.

Taleb, N. N., 2018, Skin in the Game: Hidden Asymmetries in Daily Life. Penguine Books, Unite Kingdom.

나심 니콜라스 탈레브 지음, 김원호 옮김, 2019, 스킨인더게임: 선택과 책임의 불균형이 가져올 위험한 미래에 대한 경고. 비즈니스북스, 서울.

Weygandt, J. J., Kieso, D. E., Kimmel, P. D., 2006, Financial Accounting(5th Edition). John Wiley & Sons, New York.

Gustave Le Bon, 2002, The Crowd: A Study of the Popular Mind. Dover Publications, ???

귀스타프 르 봉 지음, 강주혁 옮김, 2021, 군중심리, 현대지성, 서울.

도모노 노리오 지음, 이명희 옮김, 2007, 행동경제학. 지형, 서울.

앙드레 코스톨라니 지음, 정진상 옮김, 2017, 투자는 심리게임이다(개정 2판). 미래의창, 서울.

앙드레 코스톨라니 지음, 최병연 옮김, 2018, 실전 투자강의(개정 2판). 미래의창, 서울.

앙드레 코스톨라니 지음, 김재경 옮김, 2021, 돈, 뜨겁게 사랑하고 차갑게 다루어라(개정 2판). 미래의창, 서울.

크리스토퍼 시 지음, 양성희 옮김, 2011, 결정적 순간에 써먹는 선택의 기술. 북돋움, 서울.

필립 피셔 지음, 박정태 옮김, 보수적인 투자자는 마음이 편하다. 굿모닝북스, 경기.